偶然のチカラ

植島啓司
Ueshima Keiji

a pilot of wisdom

はじめに　偶然とは何か

これまで運や偶然について書かれた本は決して少なくありません。それらの多くは「いかにして幸運をつかむか」という内容で、そのためにすべきことがいろいろと書かれています。きちんと自分の身を律して生きるべきだとか、努力しなさいとか、秘密の法則を教えますとか、祈りなさいとか、まさに千差万別です。しかしながら、よく考えてみましょう、問題は「いかにして幸運をつかむか」ということよりも、まず、「運や偶然の仕組みはいったいどうなっているのか」という疑問を解くことではないでしょうか。

西洋では、古代ギリシア・ローマの因果論的説明に加えて、一六世紀あたりから「偶然」を予想したいという風潮が起こり、一七世紀以降の確率論の展開へと結びついていきました。東洋でも、釈迦の入滅を機に、物事がいかにして起こり、いかにして他の物事の原因となっていったのかを主題とする考え方が生まれ、それが後になって淘汰《とうた》され、さらに大きな因果性の枠組みで捉《とら》えられないかという発想も生まれてきました。いつかすべては明らかになるのでしょうか。それとも、未来に起こることは永遠にわからないままなのでしょうか。

いずれにしても、謎はふくらむばかりで、いまのところ、決して解明されようとしているわけではありません。すべては偶然かと聞かれれば、イエスと答えることもできるでしょう。でも、すべては必然かと聞かれれば、ノーと断言できないところもあるのです。すべてはなるようにしかならないというのは、なかなか説得力のある言葉ですが、果たして実際そうなのでしょうか。たしかに、わたしたちは自分以外の何かに身をゆだねるというやり方で何千年ものあいだ難問を解決してきたわけで、「なるようにしかならない」というのは「どうにもならない」という意味ではなかったのです。それは、あくまでも、「流れに逆らわないようにすべきである」という意味だったのです。

また、「自分の力」に頼らず、「何かに身をゆだねる」という場合にしても、単なる「神頼み」というわけではありません。いくら自分の力で臨んでも、どうにもならないときがあります。そんな困難なときに、自分に力を与えてくれるものであればなんでも受け入れるという謙虚な態度こそが必要だというのです。

いや、自分の力だけでうまくいくことなど、この世にそうたくさんはありません。そんなときにこそ、偶然か必然かという根源的な問いかけが生まれるのです。

最初に、まず「**未来が見えないとき、いったいどうしたらいいのか**」と問題提起しておきましょう。もちろん解答はひとつではありません。あなたがおかれた状況次第で、それぞれへの対応はおのずから違ってくるはずです。では、これから、いくつかのケーススタディをもとに考えていきたいと思います。

＊本文中の引用文献、参考文献については★で示し、巻末にまとめた。

本文デザイン／バルコニー

CONTENTS

CONTENTS

Lesson 7

すべてはなるようになる

Lesson 1

自分で選択するべからず

01
われわれの人生を決めているものはいったいなんだろう

われわれは人生のさまざまな場面でほぼ無意識のうちに限りない選択をしている。だれと仲良くなるか、どの学校に進もうか、どの会社に入るか、ここで自分の意見を言うべきか言うべきではないか、から始まって、どのシャンプーがいいか、新しい髪形はどうだろう、だれを恋人にするか、だれと結婚するか、といった事柄にいたるまで、無数の選択を余儀なくされている。そして、そのほとんどは強い意思のもとで行われているように見えても、実は偶然の要素によって大きく作用されているのである。

あなたはたまたま高校のクラスメートと結婚することになった。しかし、もし彼女がクラスメートではなかったとしても、あなたは彼女と結婚することになっただろうか。もしあなたの会社のライバルが家族の不幸で会社を辞めなければならないという事情がなかったとしたら、あなたはいまの地位を得ることができただろうか。

シャンプーひとつ選ぶのでも、たまたまテレビで見たCMが心に残っていたとか、パッケージがきれいだったとか、知りあいに薦められたからとか、いろいろな要素が絡みあって決定されている。そうなってくると、**果たしてわれわれの人生を決めているものはいったいなんなのか**という疑問がわいてくる。最終的な決定を下すのは果たして自分なのか、他人なのか、それとも、自分でも気がつかないもっと別の要因なのだろうか。

たしかに世の中にはどうしても偶然とは思えないようなことがたくさんある。たとえば、おなじみの「マーフィーの法則」もそのひとつ。その内容は「**まずいことになる可能性がある場合、必ずまずいことになる**」というものである。たとえば、順番待ちの列に並んでいるとする。どうも隣の列ばかりどんどん進むような気がして、そちらに移ると、今度はそれまで並んでいた列がどんどん動き出す。これはいかんと、元の列に戻ってみると、また隣の列ばかり進む、といったケースがそれだ。

マーフィーの例をいくつか挙げてみよう。★01

〔アスレチッククラブで〕二人のほかには誰もいないのに、隣同士のロッカーを使用することになる。

妻の誕生日後の最初の外出で、彼女へのプレゼントが五〇%値下げされているのに気づく。(彼女はそれを見て、「安いから買ったのだ」と思い込む)

こういう場合、いったいわれわれはどうしたらいいのだろう。ただ自分の不運を嘆くだけでいいのだろうか。それとも、笑い飛ばすか、ジョークにするかして発散すべきなのだろうか。さもなければ、だれかに八つ当たりしてスッキリするとか。こんなことひとつとっても、果たして運命のいたずらなのか、だれかの悪意なのか、それとも、単に偶然の出来事なのか、いろいろ考えさせられてしまうのである。

われわれが考えることは、すべてそれまでに自分の身に起こったことを基盤にしている。たとえば「勉強しなかった」ので「試験に失敗した」というように、すでに起こったことを二つ結びつけて因果論的に説明しようとする。それでだいたいうまく説明がつくと思っている。「こんなにおなかが痛いのは昨日食べた牡蠣《かき》のせいかな」とか、「髪の毛を切ったらもてるようになったぞ」とか、毎日がそんなことの連続だ。それなのに、**これから起こることについては皆目見当がつかない**というのが本音ではなかろうか。天気予報は昨日の天気図と今日の天気図を比べて、明日の天気を予想するわけだが、そんな単純に見えることでも、ほとんど当たらないのだから、まともに未来を予想して当たるはずがない。しかも、天気予報はそうやって試行錯誤の結果、「降水確率20%」などというようになる。いったい雨が降るのか降らないのか、こちらはただ混乱するばかり。

確率というものは、たしかにわかったようで、なかなか手ごわい代物でもある。「降水確率20%」とはどういうことなのか。頭ではわかっても、実際にカサを持って出るべきなのか否かよくわからない。こんな例でもおわかりのとおり、確率については、しばしば責任逃れに使われることはあっても、なかなか正確に把握するのはむずかしい。

たとえば、次のようなクイズはどうだろう。**コインを二度投げて、一度でも表が出る確率は何％か？**　これが意外とむずかしい。一回投げて表が出る確率は50％、だから二度投げると100％ではないのかというと、もちろんそうはならない。答えは75％。では、いったいなぜそうなるのか？（答えはLesson 4–19「確率論の始まり」の項参照のこと）

こんな単純な確率計算でもなかなかうまく理解できないのだから、まともにギャンブルに挑戦しようと思えば相当がんばらなければならないだろう。たとえば、競馬の予想を例にとると、そのほとんどは過去の戦績から割り出されている。Aは前走でBに勝ったから、今度もAのほうが強いだろう、というように。それらは一見したところ、きわめて「合理的」な判断に思えるのだが、結果はまったく見当はずれのことが多い。いや、それどころではない。**競馬では、もっとも「合理的」と思える判断を積み重ねていくと、なんと必ず破産することになる。**　それでは、「合理的」な判断を完全に捨て去ったほうがいいのかというと、事態はそう単純ではない。めちゃくちゃに賭けたら、むしろ100％負けることになるだろう。では、どうすればいいのか。

ここが大事なポイントなのだが、ある点までは「合理的」に思える判断に固執しなければ、とても勝利などおぼつかないわけで、まずはしっかりと論理的判断を張りめぐらすことになる。そして、これしかないと予想した時点で、そうした自分の判断をすべて破棄するのである。多くの場合、**もっともそれらしいと思われる結果は、もっとも起こりえない結果なのである。**どこで自分の論理的判断を手放すかによって、結果は大きく違ってくる。そこからはあくまでもセンスの問題になってくる。いくら修業を積んでもダメな場合もあれば、感覚的にすっと理解できる人もいるだろう。いかに既成観念にとらわれずにいられるかが勝負を分けるのだ。結局のところ、それを見きわめる力をいかに養うかということなのだが、それを試すのには次の問題がいい例になるだろう。

以前、拙著『「頭がよい」って何だろう』でも紹介したIQ二三〇の天才女性マリリン・V・サヴァントも関わっている有名な「モンティ・ホール問題」がそれである。これは後にちょっとだけ触れるベイズの定理とも関係していて、実際はかなりややこしい問題なのだが、一見したところでは、赤ちゃんでも解けそうなシンプルな問いかけとなっている。

テレビのバラエティ番組で、回答者は三つのドアのうちのひとつを選ぶことになる。その背後のどれかには当たりの車が隠されている。あなたがもしAのドアを指名したとする。Bのドアに正解の車が隠されているのを知っている番組の司会者は、不正解のCのドアを開ける。そして、あなたに「このままAのドアでいいですか、それとも、Bのドアに変えますか」と聞く。さて、あなたはAのドアのままでいるか、それともBのドアに変えるべきか、という問題である。

普通に考えると、AのドアもBのドアも確率は½で同じ。最初の選択を変える理由はないように見える。したがって、「AのドアでもBのドアでもどちらでもいい」というのが解答になると思われた。ところが、番組の監修をしていたマリリン・V・サヴァントがきっぱりと「最初の選択を変えるのが正解です」と答えたものだから、話題騒然。大学教授や数学者も含めて番組に非難が殺到することになった。しかし、後にわかったことだが、やはりマリリンは正しかったのだった。彼女を非難した多くの大学教授や数学者らは大恥をかいたことになる。では、

なぜマリリンは正しかったのか？（答えはLesson 4−23の項参照のこと）

こうなってくると、何がなんだかさっぱりわからなくなってくる人もいるだろう。果たして確率は偶然をつかまえることができるのか。それとも、もっと別の法則が必要となってくるのだろうか。

偶然とか確率を扱う場合に特徴的なことなのだが、人々が常識と思っていることの多くはおそらく間違っているのである。たとえば、マジックで、さあ、好きなカードを取ってくださいと言われ、よくよく考えたあげく、相手の望むカードを取ってしまうことがある。どうしてそういうことになったのか自分ではわからないので、なんだかだまされたような気分になる。ところが、最初から、自分の選択と相手の意図とのあいだにはギャップがあったのである。

偶然をめぐっては、自分でも気がつかないカン違いがそこらじゅうに隠されている。

そういう意味では、心理的効果もまたバカにならない。たとえば、自分のひいきの球団（たとえば阪神）が巨人に18対1で勝ったとする。こういうとき、ファンは「ああ、点取りすぎだよ、次の試合にとっておけばいいのに」とチラッと不安がかすめたりする。そう、実際そのとおり、次の試合は2対3で負けたりするのである。つねに悪い予感は的中するものだ。自分のチームがどんどん点を取るのをただ喜んで見ていられればいいのだが、そうはいかないのが人間心理というもので、いいことばかりが続くと、そろそろ何か悪いことが起こりそうな気がしてくる。危険信号がともされる。そして、それはけっして思い過ごしでもなんでもないのである。

いいことが続くと、そろそろ悪いことが起きそうな気がする。

人々が常識と思っていることにはおそらく間違っていることがたくさん含まれている。そんな心理的思い込みが自分を窮地に追い込むということもある。カジノでは日常茶飯事のことである。

あなたがルーレットでちょっとした賭けをしているとする。そろそろラッキーナンバーの12

に賭けようかと思っていたら、たまたまふと12が出てしまった。ああ、なんということだろう、次は絶対12に賭けるつもりだったのにと、あなたは歯ぎしりすることだろう。こういうとき、その次に12に賭ける人はまずいない。「もう出てしまったから」だ。ここで連続して12が出るようなことなど、とても信じられない。12が連続して出る確率は1444分の1でしかない。自分はそんなバカな賭けにのるようなお人よしではない。それが普通の人の考え方だろう。

しかし、よく考えるとルーレットはつねに毎回36分の1（ただし、0と00を除く）の確率でどの数字に賭けても公平に出るようにできている。12の次にまた12が出ても全然不思議はないのである。多くのギャンブラーが負ける原因は、もしかしたら、そういうところにもあるのかもしれない。

カジノを一歩出ても、そんなことすべてが、われわれの周囲では毎日のように起こっている。**いったい偶然ってなんだろう。運がいい悪いって本当にあるのだろうか。**これから、いろいろなケースを想定して、どう振る舞うべきなのか、その秘訣《ひけつ》について考えてみたい。

02

すべては必然ではないのか

われわれはつい人生には多くの偶然があって、それによってどういう進路を歩むか決められてしまうと考えがちだ。しかし、本当にそうなのだろうか？　これほど多くの人々が繰り返し同じような問題で悩んでいるというのは、どうにも納得できないことである。われわれは永遠に運命に翻弄《ほんろう》されるがまま生きていかなければならないのだろうか。

それとも、いっそ自分の身に起こったことを、すべて必然と考えてみることはできないだろうか。

それがいかに好ましくない結果だとしても、自分の身に起こったことをすべて必然として受け入れるとしたらどうだろう。誤った判断を下したのも必然だったのだし、その結果抱え込むことになった面倒なこともすべて必然だったと考える。「もしも」とか「別の道を選んでいたら」とは考えない。この世はすべて必然の連鎖によってできあがっている、そう考えると、ずっと楽にならないだろうか。**一般に、悪い出来事は連鎖反応のように続いて起こるというが、実はよい出来事も、そうと自覚しないだけで、やはり同じように続いて起こっているのかもしれない。**幸福とか不幸というのはもともと主観的なものでしかない。それに一喜一憂するというのは愚かなことではないか。

たとえば、自分の赤ちゃんが男か女かは基本的にランダムで予想することができない。しかしながら、世界中どこでも男女の出生比はだいたい同じで、ほぼ50%ずつに集約されることになる。一つひとつはランダムだけれども、大局的に見ると比率はつねに一定なのだ。つまり、すべては偶然だけれども、視点を変えると、大きな必然が浮かび上がってくるわけである。神の目から見たら、すべては必然で、物事は何もかも決まったとおりに運ばれている、と考えることもできるだろう。

では、もっとありそうもない事態を想定してみよう。犬が人を咬《か》み、それが保健所に届けられるほどの結果を生んだというような場合である。そんな事件はだれが考えても予測不可能であるに違いない。ところが、ちょっと古いデータになるが、ニューヨーク市のケースでは、そうした届出は一日平均、一九五五年75・3件、五六年73・6件、五七年73・2件、五八年74・5件、五九年72・6件で、みごとに一定しているのである。

このデータに言及してケストラーも「どうやってニューヨーク市の犬どもは、日々の人を咬む配当数が自分にはもうなくなってしまったので、今日は咬むまいなどというふうに考えるのであろうか」と疑問を呈している。★02

犬が人を咬むなんてことはそうは起こりえないことだし、これ以上の偶発事と思われる現象はそうはないだろう。にもかかわらず、どうしてこんな数字が出てくるのだろうか。統計というのは、一つひとつはランダムな事象でも、ある程度の数量を超えると、ありえないこともたちまち現実にしてしまうのである。

たとえば、赤ちゃんの名前ベスト10などを見てみると、だれもつけないような名前がベスト1に入っていたりする（以下、明治安田生命のデータによる）。二〇〇六年の例でいうと、男は「陸」、女は「陽菜」。どうしてこんな一般的とも思えないような名前がトップなのか。「だれもつけないと思ってつけたら、みんな同じことを考えていた」ってことだろうか。まったく不思議なことである。

ちなみに、戦争中（一九四二年）のベスト3は、男の場合、①「勝」②「勇」③「進」で、女の場合、①「洋子」②「和子」③「幸子」。こちらはきわめてわかりやすい。戦争中に人が望むことがそのまま名前に反映されている。これが一九七四年になると、男の場合、①「誠」②「大輔」③「剛」で、女の場合、①「陽子」②「裕子」③「真由美」となる。ちょっと余裕が出てきた感じ。このあたりまでは、どちらかというと普通の名前のほうが人気があったといえるだろうか。

ところが、変化が見られ始めたのは一九八七年あたりからで、突然、「翔太」が三位に入り込み、翌年から連続トップの座に君臨するようになる。そうなったら、女の子の名前も負けてはいない。一九八三年から八年連続トップの「愛」が一九九一年に「美咲」にトップを譲りわたすや否や、もはや収拾がつかない事態になってしまったのである。

たとえば、一九九八年のベスト10は、順に「萌」「美咲」「優花」「舞」「彩乃」「七海」「葵」「玲奈」「明日香」「未来」となっている。ご両親が心血注いで考えた名前を悪く言うつもりはないが、親が個性的と思ってつけた名前が、みんな同じというのがなんとも滑稽ではないか。それなら、昔からある名前のほうがずっとエレガントに思えてくるのだが、果たしてみなさんはどう思われるだろうか。

人々が選択する自由な行動の裏にはだれも知らない規則が隠されているのかもしれない。われわれの行動は放っておくと意味不明なことばかりで、すべてがめちゃくちゃになってしまう。だから、神様か何かがこっそりと指示を与えてくれているのかもしれない。そう考えずにはいられないようなことが世の中にはいっぱいあふれている。

しかし、それでもなお、自分の力で未来を切りひらくことは可能なのだろうか。

03

その人は理想の相手か？

自分には恋人がいる。二人の関係はそれなりにうまくいっている。遠からず結婚しようとも思っている。ところが、目の前に自分の人生を大きく変えてくれそうな相手が現れた。あなたはその新しい人との出会いを運命的なものだと思っている。いまの恋人と別れたくはないが、自分の人生でこれまで出会ったこともないほど魅力的な相手で、ただ一緒にいるだけで幸せな気持ちになる。しかも、相手も自分のことを愛してくれている。さて、こんなときいったいどうすべきなのか？

恋愛は決して先着順ではないが、実際にいまつきあっている相手と別れるのは（特に相手に非がない場合には)、とんでもなくつらいことである。それまで築き上げてきたものがすべて失われてしまうことになるし、それは過去の自分を否定することにもなりかねない。だれかを不幸にしてまで自分の幸福に固執すべきか、それとも、過去をすべて否定することは避けるべきなのか、こういう場合、いったい何を頼りに判断すればいいのだろうか。

人は果たして選択が正しかったかどうかをけっして自分で確かめることはできない。

これから未来に起こることはだれにも予測できない。それなのに、結果はひとつ。A新しい相手を選ぶ。B元の恋人に戻る。もしどちらかを選択したら、もう一方の結果は見えないままで、その選択が正しかったかどうか確かめる手はない。もしあちらを選んでいたら果たして正解だったのか。それとも、大きな不幸に見舞われることになったのか。こちらを選んだのはよかったのか悪かったのか。それも永遠にわからないままだ。いまがよくても子どもに災いが及ぶかもしれないし、逆にいまが悪くとも子どもたちにはとんでもない恩恵がもたらされるかもしれない。だれにもそれはわからない。しかし、おおむね人生とはそういったことの繰り返しであって、どこにも「合理的な」判断など見つかりはしないのである。経験的に考えても、どちらがいいのか判断はつかないだろうし、どこにも相談できる相手など見つからないだろう。目の前に二人の好きな人がいる。AかBか。さて果たしてあなただったらどちらを選ぶだろうか？

謎めいた忠告。——「紐が切れないようにするために、まずそれを咬め[★03]」

04 選択ミスはなぜ起こるのか

しばしば前項で述べたような人生相談を持ちかけられる。たとえば、以下のとおり。

ある女子大生（一九歳）には中学、高校と五年間ずっとつきあってきた恋人がいた。ところが、大学に入って、ちょっと好きな人ができた。これまで見たこともないタイプの男の子だった。とても魅《ひ》かれるものがあったので、その新しい男の子のことを彼に話してしまった。なんでも話せる間柄だったので、たしかに甘えや油断もあったかもしれない。彼はいやがる素振りを見せたが、何も言わなかった。ところが、新しい男の子とつきあい始めてすぐに「やっぱり元カレのほうがいい」と気がついた。それで、彼に会って「もとに戻りたい」と言った。ところが、「もうダメだよ」という返事。

こんなとき、いったいどう助言したらいいのか?

ぼくの回答。

もともと恋人との関係は遅かれ早かれダメになっていたと思う。長い年月が経過するうちにすっかり「友だち」や「兄弟」みたいになってしまったのではないか。いつかは別れる運命だったのだ。そんなわずかなことでおかしくなるなら、なおさらこれ以上執着しないほうがいい。前向きに進んだほうがいいと思う。ただ、五年という年月は長いので、立ち直るのがややむずかしいかもしれない。ろくでもない相手に引っかからないように気をつけなさい。さびしさは時間が解決してくれる。

いつも恋人がいればいいのだが、別れて一人になったときが一番苦しい。恋人は一種の精神安定剤のようなものだ。もともと恋人がいない場合は、それはそれで別に問題はない。いつもそばにいた相手がいなくなるのがつらいのだ。好きキライとはまた別の感情がそこには含まれている。恋愛というのはむずかしい。先着順でもないはずなのに、最初にだれかを相手に選んだら、それにとらわれて動きがとりづらくなってしまうのである。

人間はだれしも自分が選んだことにとらわれて自由な判断ができなくなる。

だれか他人が選んだことなら別に影響はないが、一度でも自分の判断が加わると、だれもがそれに多少の責任を感じるようになる。ちょっとしたはずみで決めたことでも、いったん決められてしまうとたちまち効力を発揮するようになる。だから、たとえば大きなギャンブルでは、まず自分より相手に判断させるように持っていくのがコツだということになる。すさまじい心理戦では、そこが勝敗の分かれ目になる。こちらが相手の選択に黙ってついていくと、次第に相手は自分の決断にとらわれて身動きがとれなくなっていく。もちろんこれはあまり力量差がない場合に限られる。

森巣博『無境界の人』に次のようなエピソードがある。★04

今世紀初頭に英国で活躍した賭けの胴元にチャーリー・ディックスという男がいた。彼は確率が正確に50％であるならば、二つの条件をつけて、どんなに金額の大きい賭けでも引き受けたといわれている。彼がつけた二つの条件とは次のようなものである。

(1) 賭け金が大きいこと。その金を失うと死ぬほどの打撃をこうむるほどの金額であることが望ましい。

(2) たとえば、コインを投げた場合、表なら表、裏なら裏と賭けを申し出た当人が最初にコールすること。

それだけだというのである。森巣氏は「これはわたしの経験則とも完全に合致する『必勝法』である。懼《おそ》れを持って打つ博奕は勝てない。なぜだかは知らない。とにかくそうなのである」と書いている。ギャンブルでは先にコールしたほうが負けなのだ。何かを選択するということはそれだけ大きな負荷のかかる行為なのである。

つまり、不幸は選択ミスから起こる。では、選択しなければいいのでは？ そう、そのとおり。選択するから不幸が生じる。妻をとるか愛人をとるか、進学するか就職するか、家を買うか賃貸マンションに住むか？　海外旅行に行くか貯金するか、いまの会社にとどまるべきか転職するべきか？　果ては、「いつものティッシュを買うべきか、安売りになっている別のメーカーのティッシュを買うべきか」まで、われわれは人生のさまざまな場面で選択せざるをえない状況におかれている。

うまく生きる秘訣はなるべく選択しないですますことである。「**あれかこれか**」**ではなく**「**あれもこれも**」ということである。そういう状況に自分をおくように心がけなければならない。ただし、なるべく選択しないことが大切だとわかっていても、一夫多妻というわけにもいかないし、お金をつかったら貯金はできない。それでも、あなたはできるかぎり選択せずに生きる道を探さなければならない。それを貫くのはかなり困難だが、それでもけっして不可能なことではない。

05 マダム・Oの失敗

われわれは日常的に数多くの失敗を繰り返している。R＝V・ジュール＆J＝L・ボーヴォワ『これで相手は思いのまま』を読んでいたら、次のような興味深いエピソードが載っていた。マダム・Oのアンラッキーな一夜の出来事である。★05

マダム・Oは久々の休みを義理の姉と食事しながら過ごすことになった。その日は互いの夫がたまたま出張で心おきなく好きなことができる夜だった。二人は、「さあ、食事が終わってから何しよう」とわくわくしながら相談しあった。二つのアイデアがあった。ひとつは、自分たちが応援している政党のパーティで、もうひとつは映画だった。そのパーティでは党首の演説もあり、知りあいの男性たちも陽気ですてきな連中ばかりだった。一方、映画のタイトルは『白衣の名において』で、地元の病院を舞台にしたドキュメンタリー・タッチの作品だった。

結局、二人はたまたま義理の姉がその夜の無料招待券を一枚持っていたからという理由で映画を選択することになった。ところが、二人とも、映画が始まるや否や、それがいかにつまらないか悟ったのだった。義姉はこのままムダな時間を過ごすのはもったいないし、そろそろ党首の演説も始まる時間だから出ようと提案した。しかし、入場料を払ったマダム・Oは、前半は退屈だったけれども、おそらく後半に盛り上がりがあって、おもしろくなるかもしれないと主張して、二人は別行動をとることになった。

マダム・Oは最後まで映画を見て、前半に輪をかけてつまらない映画に辟易《へきえき》し、映画館を出た。夜の一一時半。彼女は最終バスを待つことにした。しかし、いつまで経ってもバスはやってこない。すでに定刻を五分は過ぎている。タクシーが通り過ぎる。それでも、まもなく来るはずだと彼女は辛抱強く待ったのだが、そのうちに雨が降り始めた。一二時を過ぎた。どうやらバスは渋滞に巻き込まれたらしい。

そうして、タクシーを何台かやり過ごした後で、雨は激しくなり、いよいよタクシーもつかまらなくなってしまった。マダム・Oは仕方なく雨にぬれながら歩いて帰るはめになった。雨にぬれ消耗しきった彼女が家に着いたのは午前一時だった。しかも、何も知らない義姉は、翌日電話してきて、いかにパーティが楽しく、その後、陽気な男友だちが家に寄ってくれて、ピアノまで弾いてくれたと話してくれた。

こうした出来事はだれもが経験することだと思う。たまたま全部が裏目に出てしまったケースだ。しかし、マダム・Oの行動にはすべて理由があると著者らは分析する。マダム・Oは映画がつまらないとわかった時点で映画館を出るべきだったのに、すでに自分が投資したお金と時間をあきらめきれず、決断できなかった点が問題だというのだった。

そんな例はいくらでもある。たとえば、いまつきあっている彼女とはどうしてもうまくいかないと思っている。ときどき苛立ちを感じはするものの、それでも、一緒に努力していけば、そのうちなんとかなるかもしれないとずるずるつきあっている。彼女も彼との関係に不安を抱いているが、お互いに別れるという決断まではつかない。そんなふうにして二〇代後半まで一緒に過ごしたものの、結局、彼に新しい恋人ができて別れることになってしまった。どうして早く決断できなかったのか。

また、たまたま知らない道を歩いていて、どうも方向が間違っているようだと気づいたとする。それでも、もうちょっと進めば目的地への近道が見つかるかもしれないと、つい意地になって先を急ぐ。ここで後戻りすれば間違いなく目的地に着くとわかっていても、どうしても戻る気になれない。そして、どんどん深みにはまってしまう。そんな経験はだれにでもあるだろう。

それは雨にぬれながらバスを待ったときの心理とも共通している。悪循環を引き起こすかもしれないとわかっていても、人はそれから逃れられないものである。なぜだろう？　それは一連の出来事がすべてマダム・O自身の決定によって行われたことと関係している。たまたまではあっても、映画を選択したのは自分だったし、最後まで映画館に残るほうを選択したのも自分だった。さらに、バスで帰ろうと決めたのも自分だったのである。

もう一度繰り返すが、**人は自分自身が下した決断からはなかなか自由になれな**

い。**だから、いいセールスマンはこちらから説得するのではなく、相手が自分で決断を下せるように導いていく**のである。

人間の心理というのは不思議なもので、最初はそれほどいいと思わなかった物でも、いったん自分で買おうと決断すると、そのいいところばかりを見るようになる。買う前は欠点に敏感だったあなたも、いったん所有することになると、長所ばかりを強調することになる。そういうわけだから、テレビなどでもっともよくベンツのコマーシャルを見る人間は、いま現在ベンツを所有している客自身だということになる。われわれはいったん自分自身で決定を下すと、それがいかにおかしな事態を招くことになるとしても、それに向けて一直線に進んでいく習性を持っているのである。

06
他人の振りみてわが振りなおせ

ここで、まず、何よりも大切なアドバイスは、自分の身に大きな問題が起こったとき、**できるだけ自分で選択しないように心がけよ**ということである。もちろん、選択するから間違えるわけで、なるべく選択しないで済むように人生を操ることができるかどうかが重要なカギとなる。つまり、武術や囲碁・将棋などの場合でも、まず相手に選択させて、自分はそれを見てから判断するというのが、失敗しないコツでもある。

まさに「他人《ひと》の振り見てわが振り直せ」である。自分で人生を切りひらいたようなつもりでいる人も、実は、どうにも選択の余地のないままに来てしまったか、大事な局面では判断をいったん停止してきたか、おそらくそのどちらかではなかろうか。大胆に見える人ほど繊細なのである。判断力があるように見せることは大切だが、実際には、いくつかの選択肢が出払ってから考えてもムダではないということである。

Lesson 2

世の中にはどうにもならないこともある

07 クロイソスの悲劇

　われわれが気づかないだけで、世界はある一定のルールに従って動いているのかもしれない。古代ギリシアのヘロドトスの『歴史』を通じて流れている思想も、古代インドの『リグ・ヴェーダ』の思想も、また、古代エジプトの『死者の書』や古代メソポタミアの『ギルガメシュ叙事詩』を支配する思想も、すべて現在のわれわれとは異なり、すべての出来事は「必然」のうちにあることを告げている。日本の『日本霊異記』や『今昔物語集』などにもそうした思想が流れている。すべては神の目から見たら必然なのだ。そうなると、神とかスーパーナチュラルな存在の庇護《ひご》がなければ、われわれは救いようのない状況に落ちていくだけということになる。

ちょっと読みにくいかもしれないが、その典型的な例をひとつ挙げてみたい。

歴史の父ヘロドトス。しかし、彼はペロポネソス戦争を記述した古代ギリシアの歴史家トゥキディデスよりはるかに評価は低いようだ。なぜならば、彼の記述は脱線ばかりで、その脱線の総量は全体の半分近くもあり、脱線のうえにさらに脱線というケースも珍しくなかったからである。にもかかわらず、ヘロドトスから学ぶべきことは他のどの歴史家たちよりもはるかに多いのだから皮肉なことである。まともだからすぐれているということにはならないのである。

ここで取り上げたいのは、ヘロドトスの『歴史』の冒頭を飾るエピソード[★06]。主人公は紀元前六世紀のリュディアの王クロイソス。ところが、いきなり彼の話から入らないのがヘロドトス流だ。クロイソスについて語る前に、かつてこの国を治めたカンダウレス王についてのちょっとしたエピソードから書き始められている。以下、要約して紹介するが、これがなかなかクセモノなのである。

リュディアの王カンダウレスはどうしようもなく自分の妻を溺愛していて、絶世の美女だと自慢ばかりしていた。自分の妻がいかにすばらしいか知ってほしくて、つい気を許した腹心のギュゲスに妻の裸体を見せようとする。ギュゲスは「女は衣とともに恥じらいをも脱ぐものです」と言って強く反対するのだが、やはり王の命令だから、どうしても従わざるをえない。

王はギュゲスを寝室の一角にこっそり隠し、王妃が入って衣類を脱ぐところを見るように命令する。

しばらくして、王妃はそこに入ってきて、着替えを始め、ギュゲスは王妃の全裸をまざまざと見てしまう。それで済めばよかったのだが、その秘密の行為をなんと王妃に感づかれてしまったのだった。リュディアでは男でさえも裸体を見られることは恥辱だとされていたわけだし、ましてや女にとっては最大の屈辱といってもよかった。

王妃は気づかぬふりをして夫への復讐を企てる。

ある日、彼女はギュゲスを呼び、夫を殺して王権と私を手に入れるか、または、見てはならぬものを見た報いとして死ぬか、いずれかを選択せよと迫る。ギュゲスは、またもや逆らうことができず、王を殺害し、王権を手に入れることになる。

しかし、それから飢饉《ききん》や災害など国に悪いことばかり起こるようになる。国民は納得せず、政情も不安となったので、いよいよデルフォイの神託の指示を仰ぐことになった。

神託は「すべてギュゲスの裏切りのせいであるから彼を抹殺せよ」となるのかと思われたが、デルフォイの神託は新王権をあっさりと承認する。


でも、それだけではなかった。

神託が付け加えた一言は、「**いまから五代目の王に旧王家の報復が下るであろう**」というものだった。

そう、このギュゲス王から数えて五代目の王こそまさにクロイソスその人なのだった。

つまり、主人公クロイソスの没落は、この王朝の開祖ギュゲスの反逆に対する神の報復であって、すでに当初から彼の運命は決められていたというのであった。

08 王の死

あるとき王が死んだとする。

それはそれだけのことにすぎないのだが、当時の人々は王の死を偶発事とせず、そこになんらかの意味を読みとろうとした。たとえば、「巫女《みこ》が王に祝福を与えるつもりが間違えて別の人間に与えてしまったため、王は死ぬ運命になった」などと説明されることになる。それでようやく人々は納得するのだった。もちろん次の王位には巫女によって間違って祝福された人間がつくことになるのである。ここでは、後のクロイソスの悲劇が「五代前の王ギュゲスの裏切りがあったから」と説明されることになる。しかも、ギュゲス本人には邪悪な意図などまったくなかったわけで、すべて運命が取り仕切ったことになるのだった。

王に「妃の全裸をこっそり覗《のぞ》いてほしい」と命令されて、断れる家来はいない。下手したら自分の首が飛んでしまいかねない。ギュゲスのしたことには十分同情の余地があるし、むしろ彼は被害者だと言ってもいいくらい。気の毒なのはギュゲスなのだ。が、それでもなお、いや、それだからこそ、神は過酷な運命を彼に課すことになるのである。

ヘロドトスの描く世界では夢や神託・卜占《ぼくせん》の類《たぐい》が大きな役割を果たし、それが歴史の大きなうねりをつくり出していく。すべてがそうやって、予兆が表れ、それが実現するというように進行していく。さりげない前兆が後に大きな事件となって実現する。その繰り返し。すべては理不尽なかたちで主人公の登場前に決められているのである。われわれはチェスや将棋の駒のようにただ盤上をあちらこちらと動き回るだけで、戦いの結果はすでに決定されているのだった。

ソフォクレスの『オイディプス王』の例を挙げるまでもなく、ギリシア悲劇もすべてこのフォーマットに従って物語が進行することになっている。かつてはすべての出来事が（時間を超えて）結びついて理解されていたのである。そして、それを明らかにすることこそ歴史を書くことの意義なのだった。

鸚鵡は、よごれていないのに嘴を拭う。[★07]

09 この世界でだれがもっとも幸福な人間か？

さて、クロイソスは小アジア諸民族を征服し、その支配権が絶頂に達したころ、多くのギリシアの名士がリュディアの首都サルディスを訪れてくるようになった。アテナイの賢人ソロンもその一人。王はソロンを歓待して、宝庫のなかの財宝を見せたうえで、「この世界でだれがもっとも幸福な人間か」と質問した。ところが、ソロンは「それはアテナイのテロスという人物であろう」と答える。クロイソスは当然自分だと思っていたので、不満に思い、なぜテロスなのかその理由を問い詰めたが、ソロンはあわてず次のように答えたのだった。

テロスは先ず第一に、繁栄した国に生れてすぐれた良い子供に恵まれ、その子らにまた皆子供が生れ、それが一人も欠けずにおりました。さらにわが国の標準からすれば生活も裕福でございましたが、その死際《しにぎわ》がまた実に見事なものでございました。すなわちアテナイが隣国とエレウシスで戦いました折、テロスは味方の救援に赴《おもむ》き、敵を敗走せしめた後、見事な戦死を遂げたのでございます。アテナイは国費をもって彼をその戦歿の地に埋葬し、大いにその名誉を顕彰したのでございます。

さらに、では二番目に幸福な者はいったいだれと思うかというクロイソスの問いにも、ソロンは平然と、クレオビスとビトンの兄弟だと答えたのだった。いよいよ立腹したクロイソスに対し、ソロンは次のように諭したのだった。

神は嫉み深いゆえ、幸福な人間でも一転して奈落に落とされることもしばしばである。それゆえ幸福のうちに生涯を終えるところまで見届けぬかぎり、いまどれほど富んでいようとも、普通の人間より以上に幸福だとは考えられない。

そうして、ソロンは、**人間の生涯はすべて偶然の産物にすぎず、最後の一転が**

りで結果はどちらになるかわからないのだと告げる。しかし、クロイソスは納得せず、ソロンを愚か者だと考えた。そうして、そんなクロイソスの身に神罰が下ることになる。

ソロンと別れた直後の睡眠中のクロイソスに、夢で、息子の身に起ころうとしている災難が示される。立派な息子アテュスが鉄の槍に突かれて死ぬという夢を見る。当時、夢は現実のなんらかの前兆と考えられていた。クロイソスはそれを阻止すべくあらゆる手を尽くす。アテュスに妻を娶らせ、いっさい戦争には参加させず、室内の槍もすべて片づけてしまう。

そこへ隣国からアドラストスという若い男が、過失で兄を殺したため故郷を追放されてやって来る。なんとも不吉なことだが、クロイソスは穢《けが》れを祓《はら》う儀式を実行し、彼を賓客としてもてなすことにした。

そのころ、大猪に畑を荒らされた農民が、アテュスの指揮する青年隊を派遣してほしいと陳情にやって来る。王は夢のお告げを説明して、これに反対する。しかし、血気にはやるアテュスは「猪には槍は持てない」と反論し、自分が出撃すると言い張った。

クロイソスも説得されて、一応念のためアドラストスを護衛役に送り出す。

ところが、一同が猪を取り囲んでいよいよ退治するというそのときに、アドラストスが投げた槍がアテュスに命中して、夢のお告げは実現してしまう。

その後二年間、クロイソスは悲しみに暮れて過ごすが、やがて東方のペルシアの勢力が強大になると、彼はいよいよペルシアに戦いを挑むことになる。クロイソスは用心深くデルフォイ、ドドナ、アンモンなど各地の神託所に使者を派遣して、どの神託が正しいかを検討する。神託が当たるかどうか試すために、亀と子羊を切り刻んで青銅の釜に入れて蓋をして煮たのだった。この複雑な行動をもっとも的確に当てたのはデルフォイの神託だった。このように複数の神託を天秤《てんびん》にかけるようなことは神をもおそれぬ行為と言わざるをえない。彼はデルフォイに莫大な贈り物をして機嫌をとったうえでペルシアを攻撃するべきか否かを訊《たず》ねる。デルフォイの神託は「クロイソスがペルシアに出兵すれば、大帝国を亡ぼすことになろう」と予言する。クロイソスは大喜びで戦いに挑むことになるが、その「大帝国」とはペルシアのことではなく、実は彼が統治するリュディアのことだったのである。

ヘロドトスの『歴史』はほとんどこのようにして夢のお告げや神託がいかに人々の意に反して実現したかというパターンで占められている。もっとも、かつての「神話」や「物語」（悲劇も含めて）はほとんど同じパターンになっているわけだから、とりわけヘロドトス特有の語り口というわけでもなさそうだ。これらをすべて迷信とか無知な者たちの迷妄とすることもできなくはない。しかし、五〇〇〇年以上も前から人々を動かしていた理屈をそう簡単に否定してしまっていいのだろうか。

実際、アメリカのカーター大統領が専任の星占い師を持っていたことは有名だし、レーガン大統領が女占星術師ジョーン・キグリーを相談役に迎え、政治・経済などあらゆることを占ってもらっていたこともよく知られている。ロシアでも、ゴルバチョフ、エリツィン両大統領が、占星術師に国家運営を相談していたと言われている。日本の歴代の首相も陽明学者や占い師（霊能者）に決断を仰ぐことが多かったというのは紛れもない事実である。陽明学者・安岡正篤《まさひろ》もその一人。「宏池会」も「平成」も彼の命名とのことだし、さぞや大きな影響力を持っていたに違いない。政治の世界は「一寸先は闇」。そんなところで生き抜くには、才気走った論理的な思考力の持ち主というだけではダメなのだろう。

つまり、目に見えない「因縁」をしっかりと読みとる力があり、それがもたらす害悪を未然に防ぐ能力こそが必要になってくるのだ。すべての出来事にはそれなりの理由がある、そういう視点でものを考えられる人間が政治にはつねに必要なのである。

10 安岡正篤は運をどう考えたか

ということで、『安岡正篤一日一言』を手に取ってみると、さすがに含蓄のある言葉が並んでいる[★08]。

たとえば、幸福については次のように論じている。「幸」も「福」も、そのどちらの字も「さいわい」を表しているが、「**『幸』というのは幸いの原因が自分の中にない、偶然的な、他より与えられたにすぎない**」ものを指しているという。「たまたまいい家庭に生まれたとか、思いがけなくうまいめぐり合わせにぶつかったとかいう、これは幸。これは当てにならない」という。それに対して、「**原因を自己の中に有する、即《すなわ》ち自分の苦心、自分の努力によってかち得たる幸いを『福』という**」のだと指摘している。

福の旁《つくり》は俵を積み上げた状態を表すわけだから、福という字は神の前に蓄積されたものを指しているとのことである。

幸福にも二つの道筋があって、いざというとき頼りになるのは、先天的に与えられたものではなく、自分の力によって獲得されたものだけだというのである。

つまり、金持ちや資産家と結婚することを望む女性がいて、よく「玉の輿」「セレブ婚」とかいって世間もそれを実現した女性に対して羨望のまなざしで見ることが多いのだが、そもそもそれは間違いだということである。二人で努力して築き上げたものには大きな価値があるのだが、最初から与えられたものにはそれほど意味がないということである。

さて、安岡正篤は「運を高める」と題して、どうすれば運がよくなるかというテーマについても論じている。「人間は深い精神生活を持たなければ、本当の意味の形相・色相は養われない。結局、運というものは相に現われ、相がよくなれば運もよくなる。しかし運をよくしようと思えば、結局、心を養わなければならない。心を養うということは学問をすることで、したがって、本当の学問をすれば人相もよくなり、運もよくなる」。なんだか当たり前のことを言っているように聞こえるかもしれないが、ここで述べられている大事なポイントは、**運というのはけっして眼に見えないものではない**ということである。

運のよしあしは人の心の動きに微妙に連動し、それはその人の姿かたちに表れる。心が揺れ動くと運は離れていくし、姿かたちのいい人のところには運が寄ってくる。それらはどちらが先かということではない。「本当の学問をすれば人相もよくなり、運もよくなる」「運をよくする確実な道は心を養うことのほかにない」と言われても困るが、運が姿かたちに影響を与えるというのはとても大事なことで、そのためにはつねに自分の心が外に向かって開かれていなければならないということであろう。

その点、大学に身をおく者として考えさせられるのは、大学教授という人々のなかに徳のある人物は意外と少ないということであろう。動物園のサル山と同じく、生きる世間が狭すぎると、どうしても内部ばかりを気にすることになりがちだ。いかなる人間も、閉じられた空間におかれたら、「徳」とはまったく無縁の人物に成り下がってしまうのである。このことはおそらく教会や修道院にしても同じ事情ではないかと思われる。「**徳**」**というのは多くの人々と交わるなかで初めて養われるものであり、そのためにはいつも自分が多くの人々に向かって開かれていることが必要となってくる。**よく「人を外見で判断するな」というが、人は外見によってしか判断できないのである。

11 災いは本人以外のところにやってくる

クロイソスをめぐるエピソードで注目すべきことは、災厄が誤りを犯した当人にではなく、その子孫に襲いかかっている点である。クロイソスの不幸は、王朝の開祖ギュゲスの反逆に対する神の報復であったし、アテュスの死も父クロイソスへの神罰であった。

あらゆる災厄は当人ではなくその周囲に難を及ぼす。そのほうがよほど怖ろしい。自分の行為の結果は必ずやもっとも大切に思う人の身に降りかかる。

このことは、自分の身に何かの災いが起こったとしても、反省したり後悔しても仕方がないということを告げている。クロイソスの不幸のきっかけに本人はまったく関与していない。それはギュゲスの反逆の結果であり、さらに、そのギュゲスにしても、その行いは王や王妃によってほぼ強要されたものであり、本人の責任を問うのは酷なのではないかと思う。すべてどうしようもなかったのだ。アテュスの不幸にしても本人はまったく関与していない。それは父に下された神罰なのだった。

鎖を引っぱると、一番弱いつなぎ目から切れる。そのことは確実である。しかしどのつなぎ目が弱いかを、鎖が切れる前に知ることは困難である。[★09]

われわれは一人で生きているのではない。さまざまな係累を引きつれて生きており、さらには、先祖や子孫まで長いつながりを持っている。血脈ばかりではない。幸不幸はそうしたつながりすべてのなかからやってくる。さらに、それだけではない。やっかいなことに、われわれの心はさまざまな幻影を生み出すことによって、自分の身に起こることの意味を大きく変えてしまう。たとえば、子どもが事故で死んだとする。そのこと自体は偶然の出来事であったとしても、親からすると、何か自分たちの不行跡が子どもを死に追いやったのではないかと考えてしまうのである。

これはいつの時代についても言えることだが、実際に起こったことと心に映る出来事とのあいだには、つねに大きなギャップがある。そこに信仰とか宗教の入り込む余地が生まれるわけである。

いったん悪いことが連続して起こると、次に起こることも好ましくないように心には映ってくる。もちろん、ここで論じていることは不幸についてのみではない。幸福も同じような連鎖のなかにあるということを忘れてはならない。ただ、そちらのほうはずっと見えにくい。それゆえ、歴史はつねに「だれかの身に起こった不幸」ばかりを描き続けることになる。

このようにして、近代以前の社会では占いや夢のお告げや神託が正当化されていくわけであるが、果たしてわれわれはそれにもっと合理的に対処することはできないものだろうか。いや、合理的とは言わないまでも、あまりにウソくさい言動やこじつけをどうやって見分けることができるだろうか。多くの占い師や霊能者が口をそろえて「すべては必然である」と言う。ただし、「先祖の祟《たた》り」とか「〇〇〇の生まれ変わり」とか「守護霊の導き」とか言われても、いったいその根拠はどこにあるのだろうか。

たしかにすべては必然の出来事と考えることはできるだろう。しかし、それは、あくまでも「すべては偶然である」という言説が可能なのと同じ意味においてである。起こったことを後で説明するのはたやすい。どうにでもこじつけられるからだ。悪いことが身に起きた人はそれでなくとも心が弱くなっている。藁《わら》にもすがりたい気持ちでいる相手に救いの手を差し伸べるのはたしかに大切な仕事かもしれない。しかし、人間はずっと謙虚でなければならぬ。カン違いしてみずからの領域を超えるようなことがあってはならないだろう。

12 負けを素直に受け入れる

たしかにこの世の出来事はすべて必然かもしれない。だが、その成り行きを知っているのは神のみであって、あやしげな霊能者や宗教家の手に自分の身をゆだねてはいけない。では、その領域に人間の側からどこまで接近することが可能なのか。

成功した人で、何もかも自分の力だけでやってきたと自負するような人は、おそらく一人もいないだろう。世の中にはどうにもならないことがいくらでもある。成功した人はみんなそのことに気づいている。だから、ダメなときには白旗を揚げることも知っている。そこで、ムリな戦いを挑めば再起不能になってしまうからだ。意外と勝ち負けは最後までわからないものである。一進一退を繰り返すうちに、いくらでもチャンスは訪れるものだし、逆に、勝ったつもりでいても、いつのまにかとんでもない災厄が背後に迫っているということもある。

そう、勝ったつもりでいても、いつのまにかとんでもない悲惨な状況に陥ってしまうことだってあるし、負けたはずが、いつのまにかすべてが好転して、自分でも想像がつかない恵まれた状況になっていることだってある。自分がよくない状況におかれているときは、負けを認めて、あまり事を大きくしないことである。ただひたすらじっと耐え忍ぶことも必要なのだ。世の中にはどうにもならないことがいくらでも存在しているからである。

Lesson 3

自分の身に起こったことはすべて必然と考える

13
偶然を仕組む

われわれは、この世界が「偶然」でできており、それをくじ引きの要領でコンピュータにインプットするのはたやすいことだ、とつい考えがちである。むしろ偶然に翻弄されているわれわれからしてみたら、偶然を仕組むにはサイコロを振りさえすればいいのではないかと思ってしまう。ところが、実際にはそれこそ最大の難問のひとつ。それについてはフランシスコ会の修道士エドヴィンの論証が興味深い[★10]。

彼の論証は、ノルウェー王とスウェーデン王とのあいだでの領地の所有権をめぐるサイコロによるくじ引きを問題としているのだが、その物語は以下のように要約できるだろう。

どちらの国がそこを取るかで、二人の王が、サイコロを二つ振って、出た目の大きいほうが勝ちという取り決めをする。まず、スウェーデン王が振ると二つとも6の目が出た。彼は「もうこれでは振るに及ばぬ」と言い放つが、ノルウェー王は「いや、また二つとも6が出るかもしれぬ」と言って、サイコロを振ると、なんと二つとも6だった。それでは引き分けなので、もう一度スウェーデン王がサイコロを振ると、また二つとも6だった。万事休すか。それから、満を持してノルウェー王が振ると、ひとつのサイコロは6で、もうひとつのサイコロは割れて、割れた二つの目を合わせると7になった。合計13。そういうわけで、そこはノルウェー王のものになったのだった。

この世では想像を絶することがいくらでも起こりうるという意味で、ぼくはこのエピソードが好きなのだが、このエピソードを単なるイカサマか事故として簡単に処理してしまう輩《やから》も少なくないだろう。それではおもしろくもなんともない。どちらかというと、そんな奇蹟のようなことが起こったのは神の恩寵《おんちょう》かもしれない、とでも理解してもらいたいのだが、フランシスコ会の修道士エドヴィンはまさにそうした立場の人間だった。彼はこのエピソードが偶然に起こったものではないことを証明しようとしたのだった。

われわれは普通「必然」を仕組むことはむしろむずかしいが、「偶然」を仕組むことは簡単だと思っていないだろうか。偶然なんてコインを投げさえすれば、いつでも簡単に手に入れることができるとつい考えがちである。ところが、もしそのコインに何か仕掛けがあったとしたらどうだろう。または、ちょっとした歪《ゆが》みがあったとしたら。そうなると、もはやその結果は偶然ではありえないことになる。数学的に「偶然」を仕組むのはそう簡単なことではないのである。

そうなると、サイコロによるくじ引きも一見したところきわめて公平に思えるのだが、それでも本当に公平かどうかはそう簡単には確かめられない。そこで修道士エドヴィンの登場ということになるのだが、まず、彼はノルウェー王がイカサマを仕組んだという疑いを否定し、いかなるくじ引きも神の意志を反映したものだと論じていく。つまり、**人々にとってはあくまでも偶然で、神にとっては必然でなければならない**というのである。サイコロを振るだけならいくらでも細工ができる。どうしたら人々にとって完全に偶然なくじ引きがつくれるのだろうか。というわけで、「それではいったいどうすれば神の意志が人間に邪魔されずにすむかという現実的な問題を提起する」ことになる。

たかがくじ引きとはいえ、ここからがかなりややっこしい。

それぞれが互いに知られないようにひとつの数(何桁でもよい)を選び、羊皮紙にそれを書きつけたのち、巻いて封印をしておく。定められた日が来たら、二人の王または代理人が、計算のできる学僧を数人従えた博識で敬虔《けいけん》な審判にその羊皮紙を渡す。審判は封印をやぶり、二つの数を読みあげる。それを学僧たちが足し合わせ、和を6で割って、余りを計算する。それはつぎの六つの数のうちのいずれかになる。

1 2 3 4 5 0

これらはサイコロを振ったときに出る可能性のある六つの数、

1 2 3 4 5 6

に対応しているので、サイコロによるくじ引きの結果とみなしてよい[★11]。

エドヴィン修道士の論証はさらに進んで、二つの数を足すかわりに掛けたら、となり、さらに、「任意の数字を四つ並べてひとつの数をつくり、それを2乗する。すると、七つか八つの数字が並んだ数が得られるので、右端から二つ数字を消し、左端からひとつまたは二つ消して、新たに四つの数字が並んだ数を得る。この操作を4回くり返し、最後に得られた数を6で割った余りをくじの結果とするのである」。ああ、ややこしい。しかしながら、いかなる方法にも欠点はある。たとえば、計算の途中でゼロが出てくると、ある種の数の繰り返しになり、うまくいかなくなってしまうこともわかっている。

このようにして、人為的に偶然をつくることとは大変むずかしいことだと『偶然とは何か』の著者エクランドは論証していく。普通の人が考えるのとは逆で、必然を仕組むのはそうむずかしいことではないのだが、偶然はどうやっても人間の手に余るやっかいな代物だと次第にわかってくる。しかし、まさかそれが後の数学にとって最大の課題のひとつになろうとは、当時はだれも想像できなかったのである。

14 不思議大好き

賭け（ギャンブル）の核心は「見えない未来を推理すること」にある。賭けとは、次に起こることをいかに正確に言い当てることができるかどうかを争うものである。そうなると、賭けと占いとのあいだには本質的な違いなどないことになる。占いもまた「見えない未来を推理すること」であり、こちらのほうがややシリアスな側面を持つことにはなるが、それも程度の違いにすぎないであろう。

人々が長い経験から「自然が秩序を持って進行している」ことに気づくようになると、一方で占いが生まれ、他方で賭けが生まれることになった。古代の人々にとってそれらは不可欠なものであった。占いと賭けは表裏一体で、ともに彼らにとって「現実」の一部を構成していたのだった。もっとも古い賭博の記録は、紀元前一二世紀インドの『リグ・ヴェーダ』に書かれている「賭博者の歌」だとされている。『リグ・ヴェーダ』では、さらに、「呪文を唱えながら木の実を地面の窪地にまき、それをつかみ取った数か残った数が4で割り切れるのを最上とし、1個余るのを最低とした賭博法が記されている」という。★12

古代エジプトにおいても、紀元前三〇世紀にサイコロを使った賭けが行われていたことがよく知られている。ごく初期の集落から距骨が発見されているが、それらはアストラガラスと呼ばれており、羊や山羊の足首からとれるほぼ六面体の骨であり、固くて骨髄がなく壊れにくい骨でもあった。紀元前三五〇〇年前のものといわれるエジプトの古代墓地には、距骨を使ったゲームに興じる人々の姿が描かれているし、ギリシアで発見された瓶には、円に向かって骨投げをしている若者の姿が描かれている。アストラガラスはサイコロの前身であり、そもそもは宗教儀礼や占いなどにも用いられたのだった。

いずれにしても、神の視点からするとすべては必然であり、そのメッセージを知るために人々は神託や占いやさまざまな儀礼を執り行ってきたというわけである。しかし、神に仕え、敬虔な日々を送ったからといって、望みがかなうというわけでもない。神託は神からのメッセージではあるが、その意味が理解されなかったり誤解されたりすることもしばしばだったようである。その典型が旧約聖書の「ヨブ記」である。「ヨブ記」はもっとも敬虔で豊かな精神性を備えたヨブに次々と大きな災厄が襲いかかる話で、「これほど神に尽くしているのに、なぜこんな目に合わせるのか」と問うヨブに対して、神の答えはあくまでも容赦がない。

知《し》っていたというなら
理解《りかい》していることを言《い》ってみよ。
誰《だれ》がその広《ひろ》がりを定《さだ》めたかを知《し》っているのか。
誰《だれ》がその上《うえ》に測《はか》り縄《なわ》を張《は》ったのか。[★13]

つねに神の教えに従い敬虔な毎日を送ってきたのに、なぜすべての財産を奪われ、子どもを殺され、全身を潰瘍《かいよう》でおおわれなければならなかったのか、と問うヨブに対して、神は、ヨブにとっては、世界は不条理に見えるかもしれないが、だからといって、世界そのものが不条理だということにはならないと告げるのである。神は必ずしも人間の望みをかなえてくれる存在であるとは限らない。あくまでも人間は取るに足らないはかない存在でしかない。思いあがりもはなはだしいというわけである。

それでもなお、われわれは神にすがるしか方策を持たないのか、それとも、自分の力を信じて運命に立ち向かうべきなのか。

キリスト教では、神様が人間たちにむかって、いわば、こういっているわけだ。「悲劇を、つまり天国と地獄を、地上で演じてはならない。天国と地獄は、わたしの仕事である[★14]」

15

なぜ自分ばかり不幸になるのか？

すべての出来事にはそれなりの原因がある。人が納得できないのは、実際に起こったことについてではなく、なぜそれがよりによってほかの人にではなく、自分の身に起こったのか、ということである。一応、統計をとれば、ある出来事が起こる可能性や確率はすぐにでも計算できる。いつ自分の身の上に災難が降りかかるかどうかは単に確率の問題と言ってもよい。しかし、いったいそれが「いつ」「どこで」起こるのかはだれにも説明することはできないのである。

たとえば、朝寝坊してあわてて家を出た男の子が、ちょっとしたトラブルでむしゃくしゃした若い男の運転する自動車に交差点ではねられたとする。男の子は即死。そんなとき、両親はどうすることもできない無力感にとらわれることになる。どうしてそんなにスピードを出していたのか、居眠り運転だったのではないか、うちの子もなぜいつになく不注意だったのか、いや、悪いのは相手の運転手に決まっている、どうしてくれよう、子どもを返してほしい……。しかし、相手をいくら責めても、原因が突きとめられても、もはや子どもの生命を取り戻すことはできない。

そんなときに最後にたどり着くのは、「よりによってなぜうちの子がそんな不幸な目にあわなければならなかったのか」という問いである。もちろん、この問いに答えはない。自分の身の上に起こったことに後から理由をつけるのは簡単だが、そんなことではとても慰めにもならない。理性はつねに一周遅れのランナーなのだ。われわれはつねに自分の「不幸」の原因を知りたがる。しかし、前世の因縁とかを持ち出さないかぎり、だれもそれについてうまく説明してくれないのである。

それでも、不幸が訪れるケースにはいくつかの法則性が見てとれる。たとえば、大きな幸運を願う人はそれだけ大きな犠牲をも考慮しておかなくてはならないだろう。**幸運ばかり願う心にこそ災いは忍び込むものである。**自慢したり、傲慢《ごうまん》だったり、他人を犠牲にしたりする人間は、それだけで大きなリスクを抱え込むことになる。そうはいっても、さりげなく生きることもなかなかむずかしい。人間はどうしても欲というものに左右されるからだ。いずれにしても、最低限、自分がどういう状況にあるのかをつねに理解しておく必要はあるだろう。

ちょっと前のことだが、ラスベガスのカジノで、スロットマシンの大当たりが出て、史上最高の三四九五万ドル（約三七億円）を獲得した女性がいた。シンシア・ジェイさん（当時三七歳）。その後、結婚し、幸せな生活を送っていたのだが、マスコミで大きく取り上げられて以来、金の無心をする電話に悩まされ、人前に出るのを嫌うようになった。

それだけならまだいい。実は、彼女はその後、酒酔い運転の車にぶつけられ、瀕死《ひんし》の重傷を負ったばかりでなく、同乗の姉を亡くしてしまったのだった。とてつもなく大きな幸福は同じくらい大きな不幸をも招き寄せてしまうのである。いくら身辺に気をつけていても、やはり起こるべきことは起こってしまうのである。宝くじに当たった人の追跡調査でも、その多くが以前よりも不幸になっていることが判明している。

山の一番上から見る景色と、谷底から見る景色とは、往々にして、どこか似ているところがあるものだ。負けるのも不幸だけれど、勝つのも必ずしも幸せとは限らない。人生にだってまったく同じことがいえるのではないだろうか。ただそこでは、勝つからやる、負けるからやらない、というわけにはいかない。参加しない人生はそもそも存在しないからである。

偉大な人々も小さな人々も、同じ出来事を持ち、同じ不満を持ち、同じ欲望を持っている、が一は輪《わ》のふちのほうにいる、そうして他は輪《わ》の中心に近くいるから従ってこのほうは同じ運動においても動くことがすくない。★15

16 占いほど「合理的」なものはない

まず占いの種類を以下のように分けて考えたいと思っている。これは主として、かつて平凡社の『世界大百科事典』の「占い」の項目で分類して示したものである。[★16]

(1) 夢占い
(2) 木の枝または棒による占い
(3) 亀甲占いまたは犠牲獣の臓物占い
(4) 鳥をはじめとする動物による占い
(5) 占星術

占いの基本は、**自然の運動はある種のパターンに従うものであり、そのパターンは宇宙全体の構造を示すもので、同じパターンが他の場所での運動や活動にどのような影響を与えているか知ることができる**というものだ。

このことは一見非合理的に思われようが、現代の物理学などでも、ここ最近取り上げられることの多いテーマとなっている。アマゾンで蝶が羽ばたくと太平洋のどこかでモンスーンが発生するというような奇想天外な話がいまや現実の科学的脈絡のなかで語られようとしているのである。二つの事象系列のあいだになんらかの関係性を見出すというのは科学のスタートラインではあるものの、いったいそのつながりはどこに根拠をおくのだろうか。占いだけが非科学的というわけでもない。いかなる仮説も、それが証明されるまでは、非科学的なのである。

占いについてはさまざまな解釈がなされている。いわゆる「科学的な」観点から見て、それを単なる迷信として片づけてしまうこともできるだろう。その立場からすると、「あてずっぽうで、いいかげんなこと言うな」ということになる。占いには、当然、「客観的」な根拠は見つからないので、この論争は永遠に空回りすることになる。

共感的な立場からは、共時性（シンクロニシティ）という概念などが持ち出され、物体や出来事が時間的・空間的に相互に関連しているという考え方が支配的となる。すでに述べたように、この「すべてが結びついている」という発想には十分検討すべきところがある。

さらに、星座、タロット、水晶球などは、本質的に精神をある一点に集中させることが目的であって、深層にある集合的無意識のレベルから洞察や啓示を引き出す手段だとみなすこともできるだろう。理性が邪魔して見えないようにしている本当の自分を見つけ出すために、占いは機能しているというのである。

いずれにせよ、占いそのものは何万年も前からわれわれにとってもっとも身近なものだった。そして、それは科学万能の一九、二〇世紀を経ても、いまだに社会的に大きな効能を持っているから不思議である。**われわれは占いによってその日一日に起こりそうなことを前もって知ることができる。**朝のテレビ番組で、占いのコーナーを欠かさず見る人がいかに多いかは、すでにご承知のとおり。もちろん、占いの結果が当たっているかどうかは特に問題になるわけではない。のっぺらぼうの毎日にはとても耐えられないのだ。なんらかのバイアスが与えられて、初めて生きる活力が湧いてくるというものである。年頭のおみくじにしても同じで、それによって来るべき一年がどのような年になるかを知ることができるわけで、それだけでもう十分なのである。もしその予想がはずれてもだれも文句を言ったりはしない。**われわれは、これから起こりうることを事実として知りたいのではなく、可能性として知りたいだけなのである。**

この世の出来事がすべて孤立してバラバラに起こっていると考えるか、どれも相互に緩やかに結びついて存在していると考えるか、どちらをとるかが問題なのである。

占いは、多くの地域で今日まで、日常の一部としてごく自然に受け入れられてきた。すべての出来事には理解可能な側面とどこか晦冥《かいめい》な側面とがある。日本語の「うら」あるいは「うらない」という言葉は、元来「背後にあって目に見えないもの」を意味していたように思われる。くじ引きの際、普通、「どちらにしようかな、神様の言うとおり」と唱えるものだが、たとえば紀伊田辺では、「どちらにしようかな、ウラの神様に聞いたらよくわかる」と言い習わされてきたそうである。ここでも、くじ引きと占いとが深い関係にあることが示唆されているように思われる。

そういうわけで、二つの領域のあいだになんらかの関係を見出すのが占いの本質だとすると、それは以下の二つの問題と結びつくことになる。すなわち、ひとつは、実際にこの世の中で起こる事象のあいだにはどれも相互に密接な関係があるというものであり、もうひとつは、それを読み解くことができる特別な人がいるのかどうかということである。

先に、「すべては必然である」というのはたやすいけれど、そんなことはだれにでも言えることで、「ウソくさい言動やこじつけをどうやって見分けることができるだろうか」と書いた。たしかに、「それを読み解くことができる特別な人」がいることを否定するつもりはないものの、一方で、いかにもあやしい人間が多いのにも閉口させられる。

もっとも、スピリチュアル・カウンセラーの江原啓之氏を例にとると、人を励ますカウンセリングは現在強く求められているもので、そういう意味では彼の存在はむしろ不可欠といえるかもしれない。こんな不安定で不確実な時代には、みんなが自分を肯定してくれる人を求めている。つまり、心の底からのカウンセリングを必要としている。ぼくは彼を優秀なカウンセラーとしては評価しているが、ただし、彼が霊能者かどうかはまた別問題であろう。

江原氏自身、これまでの多くの霊能者と同じく、「この世には偶然はありません」と繰り返し説いている。「原因があるから結果があるのであり、このことをカルマとも言います。自分が相手に対して放ったネガティブな想念は、言葉や行動となって相手に伝わります（中略）こういったことは、自然の摂理に沿って起こる必然なのです[★17]」。たしかにそのとおり、いろいろ問題がなくはないけれど、だれにとっても「いまそこにある危機」をいかに切り抜けるかは緊急の課題であり、だれがだれに頼ろうと、第三者がそれに対してあれこれ言うべきではないように思われるのである。

せっかくだから、六星占術の細木数子さんについても簡単にコメントしておきたい。彼女の六星占術の根本は易学である。易学の「易」は変えるという意味で、「占いは、自分の人生をいい方向に変えていく方法を考えるきっかけにしかすぎない」と彼女は主張している。[★18] 当たりはずれではなく、自分のおかれた状況を理解し、何が起こるか察知する能力を鍛えなさいというのである。「何年何月、自分の身にはこういう事態が訪れる——そのことを知って、その危機をどのように回避するか、あるいはどう攻めるかといったことを考えるのが占いの目的です。それが『易（＝変える）』の真の意味なのです」と説く。

彼女についても、さまざまな批判があるのはご存じのとおり。マスコミに出たがる霊能者や占い師はどうしても批判の的になりがちだが、ここではそういった感情的な反発は取り上げないことにしよう。彼女も、多くの霊能者や占い師と同じ論理にのっとって自分の論を立てている。たとえば、この世の中に原因のない出来事などというのは絶対になく、どんな不可思議なことでも、必ずどこかに原因が見つかるという考え方である。そういう意味では、彼女の説く「因果の法則」とは、「ごく単純にいうと、人間が人間らしく人生を生きていこうとする際、絶対に踏みはずしてはならない約束事、ルールです」ということになる。

つまり、運命の流れはわれわれの知らないある一定のリズムに従っており、それを理解することがまず肝心であるということである。それからは本人の心がけ次第だというわけだが、そこまでなら、これまで多くの占い師や霊能者が述べてきたことと変わりはない。彼らがいかにも自分で見つけたように説く教えの99％は先人の教えそのもので、そこにはほとんど新しいものはないと断言できよう。

ただ、何より感心させられたのは、次の言葉。「たとえば、いま悩んでいることの原因が常識の範囲内であれば、あまり困ることはありません。しかし、そうした常識の枠を越えていると、その悩みを解決するには、同じように、常識の枠を越えた方法が必要になってきます。これが、ものごとの道理というものでしょう」。彼女の主張するところはこれまで先人が述べてきたことと特別大きな違いがあるわけでもないが、なかなかここまで言える人は少ないかもしれない。

いつの時代にも、藤田小乙姫《こととめ》、田中佐和、宜保《ぎぼ》愛子のような霊能者、占い師は必要とされてきたわけで、それに対して目くじら立てて批判するほうもちょっと大人げない気がする。個人の資質については多少目をつぶって、この世界を見る立場にもいろいろあるものだと受け入れる姿勢もまた必要であろう。

17 亀甲占い

すべての出来事に隠された（つまり、普通には見えにくい）理由があると考えるのは、ある意味ではきわめて「合理的」であって、そうした発想こそが占いや卜占法の根拠ともなっている。では、見えない未来を見えるようにする工夫は、どのように存在するのだろうか？

たとえば、ここで取り上げる亀甲占いは、文字どおり、亀甲を火にあぶってひびの入り方で占うものである。ただし、そこに人為的に加えられるものがひとつだけある。「町」と呼ばれる切り口である。あらかじめ亀甲に切り口がつけられており、火にかざすことによって、ひびがどう広がるかで占うのである。この「町」とはいったい何か、なぜそんな切り口を入れる必要があったのだろうか。

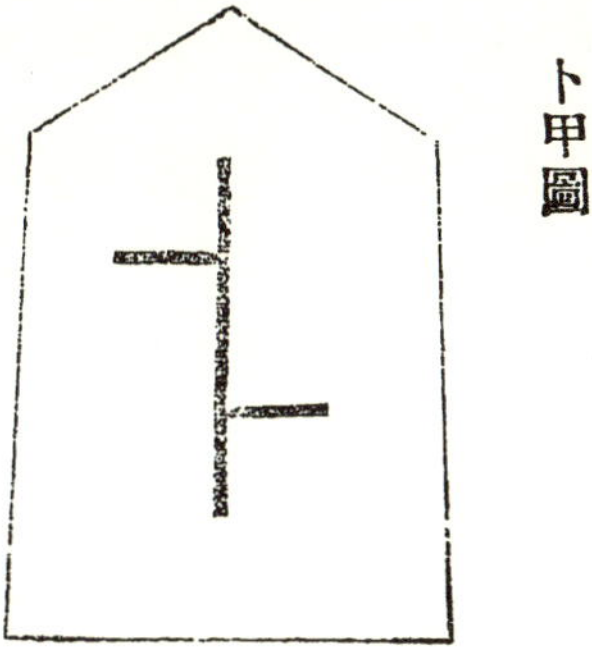

「町」(『伴信友全集』第2、国書刊行会編輯、国書刊行会、1907より)

亀の甲を五角形に切って、たがねで裏面に「町」を刻み込むことであった。それから「波々迦」の枝に火をつけて赤くおこるまで吹き続け、燃えている枝をまず「町」の縦の線に沿って、次に横の線に沿って押しあてる。そして顕著な結果がでて、特定の型にはまったひびが「町」の主要な五点から四方へ走るまでこれを繰り返す。それから「さまし竹」でひびの上に水をふりかけ、最後にひびを見やすくするため、甲の表側を墨汁で黒く塗るのである[★19]。

そんなときヒントになったのが、以下のようなガラスの割れ方をめぐる実験結果である。G・ベイトソンによれば、**ガラスなど見たところ均質な物質の割れ方は予測不能であるが、興味深いことに、実験の精度を高めていくにつれ、結果の予測不能度は高まっていく一方だ**という。[★20] なんというパラドックス！　最高度の均質性を持ったガラスをつかい、その表面を完璧に近く磨き上げ、石が正確に九〇度の角度で当たるようにコントロールすると、その努力分だけ、結果はますます予測不能になる。逆に、ガラスの面に引っかき傷をつくっておくと、ある程度大まかな予測が可能となる、というのである。

なるほど、亀甲占いの「町」とは、もしかしたら、図らずしてそうした役割を担っていたのかもしれない。そして、それこそわれわれが未来を見るときに不可欠なものだったのではないか。何か「町」とか「ガラス面の引っかき傷」みたいなものがあって初めてうっすらと見えてくるものがある。のっぺらぼうでは目に見えない世界をあぶり出すことはできないのである。

そうなると、われわれの背後に広がる目に見えない力に対抗するには、そんなにむずかしい手続きは必要ないのかもしれない。ちょっとした引っかき傷ひとつで、予想もしなかった模様が浮かび上がってくる。人為を離れることさえできれば、もうひとつの現実が立ち現れてくる。

それに反して、何かしらの理屈が入り込むと、たちまち力の均衡は破れてしまう。考えれば考えるほど事態はよくない方向へと向かっていく。どうせすっぱりと合理的判断を捨てるのならば、どこまでも徹底する必要があるということである。

いったい未来を見えなくしているのはなんだろうか。実は、ぼくには、**人間を人間たらしめている当のもの、「自己」とか「理性」とか「主体」とか呼ばれているものこそが、最大の阻害要因ではないか**と思えてならない。動物には死期というものがだいたいわかっていて、猫も象も死が近くなると自然に自分の姿を隠す。人間はどうして何もかもわからない闇のなかにいるのだろうか。

人間にとって永遠なもの、大切なものは、不透明なヴェールに、しばしばおおわれたままである。ヴェールのむこう側になにかがあることはわかってはいるのだが、その姿が、みえないのである。ヴェールが昼の光を反射しているのだ。★21

18 すべての出来事には理由がある

また、もしあなたがだれかを好きになって、楽しいときをたくさん過ごし、しかし、いつしかうまくいかなくなって別れることになったとしよう。もちろん、自分をものすごく不幸に思うのは当然だ。もし恋愛などしなければこんな不幸になることもなかったのに、と後悔することだろう。だが、本来、喜びと悲しみとはコインの裏表なのだ。いいこともたくさんあったはず。何もなかったら人生はいかにつまらないものだったろう。だれかを恨んだりする前に、人生におけるプラスマイナスについてもっと考えるべきではなかろうか。

ここで偶然についてもう一度おさらいしてみよう。

われわれにとって未来はすでに決まっているのではないかという疑問についてである。

まず、「偶然は互いに独立な（無関係な）因果系列が交叉《こうさ》したところに起こると思われている」[★22]。先に子どもが交通事故で死んだという例を取り上げたが、「たとえば、ある人が通りを歩いていると、屋根から瓦が飛んできてその人に当たり、その人は死んでしまったとする。彼は自分の用事のことで頭が一杯だったし、瓦は瓦で風に吹き飛ばされてきた」だけのこと、こういう場合、運が悪かったと片付けられてしまうことが多い。それぞれのあいだに何か特別な関係があるとは思われないからである。

ところが、エクランドは『偶然とは何か』で、以下のように続けて説明している。「宇宙には他と無関係な因果系列など存在しないし、存在しえない。この通行人は通りから建物の屋根瓦に引力をおよぼし、その影響を何らかの形で受けた気象環境のなかで、突風が起こり、瓦が吹き飛ばされた」のではないか。そんな奇想天外な発想が、いまや学術的にも検討されようとしている。

コップのなかに入った水に青インクを一滴垂らしたとする。インクはしばし緩やかな模様を描いて水のなかに溶けて広がっていく。その後には、それまでと変わらぬ色をした水が残されることもあるし、やや青みがかった水へとかすかに変貌することもある。われわれの周囲に起こるさまざまな出来事にも同じことが言えるかもしれない。劇的な変化が起こるかどうかは別として、すべての物事は互いに緊密な結びつきのなかにあるのではなかろうか。

もちろん、いまの段階ではわかっていることはあまり多くない。

それでも、すべてが独立して存在していると考えることが事実に反しているということは、ほぼ明らかにされてきたわけだし、いつかは「すべてのもののあいだにはなんらかの関係がひそんでいる」ということが、別のかたちで実証される日が来るのではないかと思われる。

たかが確率、されど確率

Lesson 4

19 確率論の始まり

本書の冒頭で、「コインを二度投げて、一度でも表が出る確率は何%か？」という問題を出したことを覚えておいでだろうか。この解答は一見簡単そうで、意外と簡単ではない。一回投げて表が出る確率は50%、だから二度投げると100%ではないのかと多くの人は答えてしまう。しかし、もちろんそうはならない。では、いったい何%なのか。

確率論では、まず起こらない確率から計算することになっている。つまり、二回とも表が出ない確率は1/2×1/2=1/4となる。そうなると、二回投げて一回でも表が出る確率は、1－1/4=3/4となる。

つまり、解答は75％なのである。まさかという数字ではないだろうか。論理的にはやや矛盾しているように見えても、実際にこうした例はわれわれの周囲にいくらでもころがっている。

では、確率論の始まりはいつのことだったのだろうか？

一七世紀も半ばを過ぎようとしているフランスで、ギャンブラーで数学好きのフランスの貴族シュヴァリエ・ド・メレが、古くからあるフランシスコ会の修道士パチョーリのバッラをめぐる得点問題をパスカルに出したのがきっかけで、一六五四年にパスカルとフェルマーの往復書簡が交わされることになったのだが、それこそまさに確率論の歴史にとってエポックメイキングな出来事になったのだった。

パチョーリのバッラをめぐる問題は、一六世紀から一七世紀にかけての数学研究の歴史のなかに幾度も繰り返し登場している。それを引用すると、「AとBとがバッラ（balla）という公平なゲームを戦っている。彼らは一方が六回勝つまでこのゲームを続けることに同意している。

Aが五回勝ち、Bが三回勝ったところでゲームをやめたとする。賭け金はどのように分配すればよいだろうか[★23]」というものである。

これを現代風に言い換えると以下のようになる。AとBがそれぞれ一〇万円ずつ出して三回勝負をすることになった。先に二回勝てば二〇万円がもらえるという仕組みである。まずAが一回勝ったのだが、そこでゲームをやめることになった。さて、二〇万円をどう分けるべきか。次にAが勝てばゲーム終了だから、Aが勝つ確率は½。ただし、もし次にAが負けたとすると、A、Bともに一勝一敗となって、Aが勝つ確率も、Bが勝つ確率も¼ということになる。つまり、それらを合わせると、Aが勝つ確率は1/2+1/4=3/4で一五万円、Bが勝つ確率は¼で五万円というのが正解ということになる。

いまでは、確率と期待値の概念を使えばそんなに難しい問題でもないのだが、当時はとてもそんなふうに考えられる数学者はいなかったのだった。パスカルは聡明な数学者でもあった弁護士ピエール・ド・フェルマーに助けを求め、ここに「偶然」をめぐる最初の数学的考察が始まったのだった。

ただし、パスカルとフェルマーについて触れる前に、ここで忘れてならないのが一六世紀の巨人カルダーノの存在である。彼こそまさに真の数学的天才であったといえよう。確率論というと、つねにパスカルとフェルマーの往復書簡がその発端として挙げられることが多いのだが、すでにその一〇〇年ほど前に『アルス・マグナ』を発表していたカルダーノは、さらに、一五六五年ころになって『さいころ遊びについて』で、確率論の基本型となるべき問題を提起していたのである。それは「さいころを二つ振ったとき、どの目に賭けるのがもっとも有利か」という問題で、それをもって確率論の始まりとする意見もある。では、カルダーノとはいかなる人物だったのだろうか。

20 カルダーノ『わが人生の書』

ジロラモ・カルダーノは、ルネッサンスの数学者であり、著名な医師でもあり、また、神秘主義者、占星術師でもあった。ローマ教皇や皇室の人々からも診察を依頼されるほどの名医として知られており、発疹《はっしん》チフスの臨床例を書いたり、アレルギーについての治療法を紹介したりしながら、数学者としても三次方程式の解法を明らかにしたり、虚数について考察したりしている。レオナルド・ダ・ヴィンチにも負けないルネッサンスの天才といっても過言ではない。

しかし、ぼくが興味を持っていたのは、そうした方面での名声よりも、彼が偉大なギャンブラーでもあったからである。彼の最大の功績は賭博についての論文（「さいころ遊びについて」）で、後にそれは確率の理論が生み出される母胎ともなっていったのだった。

カルダーノ『わが人生の書』には、「賭博とさいころ遊び」という章があり、そこには以下のような記述が残されている。

私の行為には誉められるようなことは、おそらくなにひとつないだろう。また、たとえその資格があるとしても、讃辞は、私が当然受けるべき非難よりきっと少ないだろう。**自分でもわかっているのだが、私はチェスやさいころ遊びに没頭しすぎたのだ。この遊びは長いことやってきた。チェスは四〇年以上、さいころは二五年ほど。しかも、この期間は毎年、というのではなく、恥ずかしながら白状すると毎日だった。**これがため、尊敬と財産と時間とを同時に失った。弁解の余地はない。だがもし弁解せよと言われるなら、実は私は賭け事が好きだったのではなくて、諸々の原因——中傷、不公平な仕打ち、貧困、ある人々の横柄な態度、社会の混乱、虚弱な体質、ひどい怠け癖、その他ありとあらゆることが私を賭博にかりたてたのだ、と言える。その証拠に、私は自分が名誉な役割を演じられるようになると、賭け事をやめた。したがって賭博への没頭は、それが好きだからでも、遊びの趣味があるから

でもなく、自分の境遇を嫌悪し、それからのがれる手段なのだった。[★24]（太字強調筆者）

このあたりの弁解は古今東西すべてのギャンブラーに共通したもので、まともにとりあう必要もないだろう。しかし、そんなことより、それほどの時間をギャンブルに費やしながら、よくも偉大な研究を次から次へとなし遂げることができたものだと、むしろそちらのほうに感心してしまう。超一流の数学者であり、医師であり、神秘主義者であると同時に占星術師だったわけだから、別にいくらギャンブルに没頭したところで、だれも非難できないだろう。いや、彼自身、自伝のほかの箇所で、「さいころ遊びに没頭したことを、私はそれほど非としていない」とも書いているから、自分の賭博好きを心から反省しているわけでもないのだった。

かつてＮＨＫの番組（「宗教学者植島啓司・偶然性の時代を生きる」未来潮流一九九六年一〇月二六日放映）でたまたまカルダーノが話題になったことがある。数学者の森毅さん（京大名誉教授）との対談でその名前が出てきたのだが、そのとき森さんは、「数学はギャンブルから始まったと言ってもよい」「カルダーノがいて近代数学ができたんであって、その逆ではない」というような発言をされている。

さらに、森さんは、『森毅の学問のススメ』において、カルダーノは明らかにスキゾであると指摘した後で、次のように書いている。「それで、医者で、占い師で、博奕打ちというわけでしょ。その三つがなんかものすごくうまくミックスしてるわけね。世俗的にはちょっと具合悪いと言うとるけど、博奕打ちとして名前が広がることと、医者として名前が広がることとが、生活上しばしばぶち当たるというわけ」。当時の医者はだいたい有名な金持ちや貴族などを相手にするわけだから、いろいろと商売上手でなければいけない。「だから、占いとギャンブルの能力、それから、失敗したときには何とかかんとかもっともらしい理屈をつけてごまかさんといかんので、そのためのもったいぶったやり方、そういうのが渾然一体となっとるわけでしょ。その上に三次方程式も解けるとかいう(笑)[★25]」。

いずれにしても、近代数学の祖ともいわれるカルダーノがギャンブルに熱中したことによって、「確率」についての初めての業績が残されたことは特筆すべきことではなかろうか。おおむね天才はギャンブルが好きだ。彼らはちょっと頭で考えればわかることなんかには興味が持てなかったのだろう。もちろん、それはカルダーノだけに限ったことではない。

21

天才はみんな不幸である

数学の歴史に大きな第一歩を刻んだ一六世紀の巨人カルダーノだが、その生涯はあまりに悲惨だったと伝えられている。彼自身、『わが人生の書』において、四度の生命に関わる危機があったと書いているが、それは、溺死の危険、次には狂犬に咬まれ、第三にはそれほど深刻ではなかったが建物の倒壊（壊れ始める前に遠のいていた）、そしてヴェネツィア貴族の邸宅での乱闘ということになる。なかなか波瀾《はらん》万丈の生涯を送ったようだ。

しかし、真の苦難はさらに次々と彼に襲いかかる。「私の不幸は――長男の惨死、次男の出来の悪さ、娘の不妊、私の性的不能、あいも変わらぬ貧乏暮し、争い、何度も告訴されたこと、偏見を持たれたこと、病気、危険、投獄されたこと、なんの功績もない人の方が私より何倍も好まれたというような不公平。だが皆が知っている話はもうやめにしよう」とも書いている。長男は妻に毒を盛った罪で逮捕され斬首刑に処せられているし、次男は狂気と放蕩《ほうとう》の末、父を告訴したあげく、国外追放を命じられている。

結局、何もかもうまくいかなかったのである。

カルダーノほどの天才がいかに苦難の人生を送ったかを知れば、わが身のささやかな幸福が身にしみて感じられてくる。**すばらしい才能を持っていたからといって幸福な人生が送れるとは限らない。いや、むしろその才能のせいで人生が狂ってしまうことのほうが多いかもしれない。**この世で認められるということは、たまたまこの世で必要とされる才能を身につけていたということにすぎないのである。単なる偶然の出来事でしかない。

カルダーノは「賭博で負けこむと、妻の宝石やわが家の家具を質に入れた」と書いているし、また、生活のために「私は暦書を書いたし、ピアッティネで公開講義をし、診療していくらか稼ぎ、奉公人はそれぞれ金になる仕事をするために使われていた。（中略）診断書も売った。どんな機会も逃さず、落穂拾いの真似をした。衣服に払う費用はことごとく切りつめた」と記している。ありあまる才能はことごとく世の中とぶつかって歴史の闇へと葬り去られることになる。まだカルダーノは名前が残されただけラッキーといえるのかもしれない。

22 ギャンブラーたち

歴史上の人物の多くがギャンブラーだったことはそれほど知られていない。カルダーノをはじめとして、シュヴァリエ・ド・メレ、ガリレオ、パスカル、カサノヴァ、ドストエフスキー、サガン、ヘミングウェイなどは、ギャンブルなくしてはただの人と言ってもいいくらい賭けに没頭したことで知られている。とりわけ、かつての数学者はギャンブラーとほぼ同意語といってもいいくらいなのだった。

たとえば、ガリレオはトスカナ大公コジモ二世専属の数学者として名声を得ていたが、彼はカルダーノの「さいころ遊びについて」についてよく研究していたようで、ギャンブルについての短い論文（題名はカルダーノと同じく「サイコロ遊びについて」）を残している。「カルダーノと同じように、ガリレオも一つないしは複数のサイコロ投げの問題を考え、目の出方とその頻度について一般的な結論を導き出している」[★26]。それは確率論についての考察のまだ夜明け前ともいうべきものだった。

ガリレオが死んだのは一六四二年だが、一七世紀後半に入るとこのテーマはフランスの三人の研究者の手によって大きく発展することになった。パスカルとフェルマーとメレである。

パスカルはあの「人間は考える葦である」のパスカルであり、彼はもちろん哲学者としても有名だが、子どものころにユークリッド幾何学の大半を自力で見つけ出し、すでに天才数学者の片鱗を見せていた。今日の電子計算機の原理を考え出したのも彼である。

フェルマーは「フェルマーの最終定理」によってよく知られている超一流の数学者である。その定理はギリシアの数学者ディオファントスの「数論」の余白に走り書きされたメモに残されたもので、「nが2より大きい自然数ならば、$X^n+Y^n=Z^n$を満たす、自然数X, Y, Zは存在しない」というものである。

もう一人のシュヴァリエ・ド・メレは当時の貴族で数学的センス抜群のギャンブラーだった。ちょっとわき道にそれるが、ディオファントスといえば、次の問題でも有名である。

ディオファントスの墓碑は一風変わっていて、そこには彼の生涯がたくみに語られている。彼は一生の6分の1を少年として過ごし、その後12分の1を安楽に過ごしたのだった。さらにその後7分の1を経て結婚式を挙げ、結婚5年後にひとりの息子をもうけた。ところがこの愛しいが不幸な子どもは、父親の一生の半分を生きた後に、冷酷な運命の女神に連れ去られてしまった。ディオファントスは生涯の残りの4年間を悲しみを癒しながら過ごし、その一生を閉じたのだった。では、これらの数値から計算して、ディオファントスが何歳まで生きたかを求めなさい（答えは注に[★27]）。

ディオファントスは紀元二五〇年ごろにアレキサンドリアに住んでいたことが知られているが、彼の『算術』一五巻はアレキサンドリアの図書館が焼け落ちた際に、そのほとんどが失われてしまった。だが、その第二巻問題八に記された「与えられた平方数を二つの平方数の和に分解する方法を求めよ」という問いは、後のフェルマーの最終定理のヒントになったことで知られている。

修道士ルカ・パチョーリの難問について、パスカルとフェルマーがどのように考えたかはまた別の機会に検証することにしたいのだが、ちょっとだけ触れると以下のように要約されよう。

二人の技量がまったく伯仲の賭博師AとBが32ピストルずつ出しあって勝負している。どちらかが先に3点を獲得したら、その人の勝ちで64ピストルをもらう約束である。ところが、Aが2点、Bが1点を獲得しているいま、ある事情でこの勝負を中止せざるをえなくなった。この場合、途中で賭け金を分配するとすれば、どのようにしたらよいのだろうか。[★28]

パスカルは、これに正しい推論をあてはめて、この場合はAが48ピストル受けとり、Bが16ピストル受けとるのがもっとも合理的だという結論を導き出したのだった。

それにしても、彼らの往復書簡についての注釈者F・N・デイヴィッド女史の見解は、フェルマーに好意的で、パスカルにはかなり辛辣《しんらつ》なものだった。彼女によれば、フェルマーの数学的才能について疑うものはだれ一人いないだろうが、パスカルについてはやや疑問の余地があるというのである。ただし、二人の見解を検証してみると、パスカルは当の問題の解答のみを求めるのではなく、いかに一般化できるかということに固執した点で、多少の困難を抱え込んでしまったのかもしれない。

二人の往復書簡は一六五四年一〇月二七日で終わっている。「それから一カ月も経たないうちに、パスカルはある神秘的な体験をした。彼はそのことを心の一番近いところに仕舞っておくために、上着に『拒絶、すべてを、そして快楽も』と縫いこんだ。彼は数学も物理も放棄し、贅沢な生活に見切りをつけ、旧友とも別れを告げ、宗教本以外のすべての財産を売り払い、ほどなくパリのポール＝ロワイヤル修道院に住みついた★29」のだった。パリの賭博場に入りびたりだったパスカルの心のなかにいったい何が忍び込んだのか。そのとき彼はまだ三一歳なのだった。

時代は下って一六六〇年にも二人は書簡を交わし、トゥールーズとクレルモン＝フェランの中間くらいの場所で会う約束を取りつけようとしたが、それは結局実現しなかった。パスカルは一六六二年に亡くなり、フェルマーも一六六五年に亡くなっている。

23 確率論の展開

一応、確率をめぐるその後の展開をざっとおさらいしてみよう。

なにはともあれ、われわれを取り巻くこの世界は、ある瞬間にはまったく規則どおりに動いているように見えても、つねに少しずつ変化を続けている。いったいその原因はどこにあるのか。もしかしたら、この世界そのものに変化を促すような何ものかが含まれているのか、それとも、それを観察する側に起因するなんらかの理由があるのだろうか。

パスカルにとっては、ルールさえわかっていれば、確率の問題は単なる帰納的なゲームとして理解されるものであった。では、ルールがわからない場合はいったいどういうことになるのだろう。単に経験的なデータだけが与えられた場合、そこからどのように推論を働かせることが可能なのか、それこそがベルヌーイの抱えた疑問だった。

すべては繰り返されるが、それでもいくらかは変化し、予想もしなかった出来事が次々と起こる。それがわれわれの住んでいる世界なのである。そういう意味では、繰り返されるのは「大半の部分でしかない」というライプニッツの忠告は彼が認識していた以上に深い意味を持っている。というのも、彼がこの忠告を発することで、なぜリスクのような概念が存在するのかを考える最初の手がかりが提示されたからである。それによってベルヌーイは「大数の法則」を確立し、統計的サンプリングの方法を考案することができたとされている。★30

大数の法則とは、ある試行を何回も行えば、確率は一定値に近づくという法則である。たとえば、ある村でしばらくのあいだ女の子ばかり生れるということがあったとしても、長い目で見ると男女の出生比は一対一に近づくというものである。また、サイコロを振ったときに出る目は、回数が少ないときにはどれかの目にかたよる可能性もあるが、一万回も振れば、どの目が出る確率も⅙に近づくというのも同じである。何歳で死亡する割合は何%かとか、何歳でガンにかかる可能性は何%かなどは、契約者数が多くなればなるほど、ほぼ一定の水準に収斂するので、それに基づいて保険料を計算することができる。これも大数の法則によるものである。

パスカルとフェルマーの共同研究からおよそ一〇〇年後、事後確率を求めるベイズの定理が登場し、確率論の領域で大きな成果を挙げることになった。トマス・ベイズはイギリス長老派教会に属する牧師で、その業績はすべて死後に発表されたものである。ベイズの定理とは、いかにして不確実性を計測するかという大胆な発想に基づいており、「Aという事象の起こる確率についてある程度の認識を持っているときに、Bという事実が起こった場合、どのように判断を変えるべきか」という問題を扱っている。

次のような例がわかりやすいだろうか。

「アダムとイブが天国で最初に一日を過ごしたあとの夜のことです。二人は太陽が昇って、すばらしい木々や花々、小鳥たちを照らし出すのを見つめていました。ところが、やがて空気がひんやりしてきて、太陽は地平線のかなたに沈んでいきました。このまま闇が続くのだろうか？　アダムとイブは考えました。明日また太陽が昇る確率はどれくらいだろう？

いまから考えれば、アダムとイブは太陽がまた昇ることを確信していたはずだと思う。だが、二人は太陽が昇るのを一度しか見たことがなかった。では、どう予想すればいいのか？　これに対する古典的な回答は次のようなものである。アダムとイブが一度も日の出を見たことがなかったとしたら、二つの可能性に同等の確率を与えるだろう。この予想確率にしたがって、アダムとイブは白い小石を一つ（太陽は昇る）と黒い小石を一つ（太陽は昇らない）袋に入れる。それから、一度は太陽が昇るのを見たのだから、もう一つ白い小石を袋に入れる。これで袋のなかには白い小石が二つ、黒い小石が一つ入っている。これで、二人にとって明日太陽が昇る確率は二分の一から三分の二に増えたわけだ。翌日も太陽が昇るのを見て、二人は三つ目の白い小石を袋に入れる。二人が考える確率は三分の二から四分の三に増えた。したがって、一度日の出を見たあとの二人にとっての翌朝太陽が昇る確率は三分の二である[31]」

冒頭で、「モンティ・ホール問題」について触れたが、これなどまさにベイズの定理の好例だと思われる。もう一度問題をおさらいしてみよう。

テレビのバラエティ番組で、回答者は三つのドアのうちのひとつを選ぶ。その背後のどれかには当たりの車が隠されている。あなたがもしAのドアを選択したとする。番組の司会者は、どこに正解の車が隠されているか知っていて、不正解のCのドアを開ける。そして、あなたに「このままAのドアでいいですか、それとも、Bのドアに変えますか」と聞く。さて、あなたはAのドアのままでいるか、それともBのドアに変えるか、どちらが正しいかという問題である。

普通に考えると、AのドアもBのドアも確率は½で同じ。選択を変える理由はないように思える。ところが、マリリンは「あなたは選択を変えるべき」と答えたものだから、話題騒然。著名な数学者や経済学者をも含めて番組に非難が殺到したのだった。相手がそれほど数学に詳しそうに見えない女性だと見くびって、どうして確率が½で同じではないのか説明せよと迫ったのかもしれない。さて、いったいどう説明できるのか、いや、何よりマリリンの解答は正しかったのだろうか。

ぼくもこの問題を見たとたん、やはり一瞬戸惑った。最初の印象では、どちらも確率½だから、AのドアでもBのドアでもどちらを選択しても同じというのが答えかもしれないと思った。

それから、すぐに直感でマリリンと同じく「選択を変えるべき」だと判断を変えたのだった。それには何か根拠があってのことではない。ただ以下のように考えただけである。

まず、最初の自分の選択は、当たる確率が⅓というわけだから、まともに考えたら「当たっていないはず」だと考えたのである。自分の選択はまずはずれていると考えたほうがよい。それなら、いかなる条件の変化があったとしても、選択を変えたほうが得策だろう、そう思ったのである。

そして、結果的にはそれで正解なのだった。そうはいっても、どうしてか説明せよといわれると、なかなか簡単には片づかない。どう解説されてもまずスッキリ感はないだろう。それでも、ドアを変更すると、車を勝ちとる確率はなんと二倍になってしまうのである。


最初の選択で当たる確率＝（1/3）×1＋（2/3）×0＝1/3

選択を変えた場合の当たる確率＝（1/3）×0＋（2/3）×1＝2/3

正式な解法はベイズの定理を用いる方法だというのだが、数式が煩わしいので、それを簡略化して示すと以下のようになる。

P（A｜"−C"）＝（1/6）／（1/6＋1/3＋0）＝1/3
P（B｜"−C"）＝（1/3）／（1/6＋1/3＋0）＝2/3
＊回答者がAを開けた後に、司会者がCを開けた場合に、A、Bが当たる確率

つまり、どちらにしても、選択を変えると、当たる確率は二倍になるというものである。マリリンは正しかったのだった。なかなか納得できない人は、実際に一万回やって確かめてみるといいだろう。その結果はみごとそのとおりになることが実験でも知られている。こういう日常どこにでもありそうなところに意外な落とし穴がひそんでいる。確率をどう理解するかで、われわれの選択は大きく左右されてしまうのである。

P・バーンスタインは「ゲーム理論が持つ厳密な合理性からカオス理論の挑戦に至るまで、われわれが今日リスク・マネジメントや意志決定ないし選択の問題で利用しているツールは、たった二つの例外を除いて、すべて一六五四年から一七六〇年までの発展に由来している[★32]」と書いている。

それから、ようやくラプラス『確率の解析的理論』（一八一二）が登場してくる。ラプラスは、正確な観測と計算が可能だとすると、運あるいは偶然というものは存在しないと考えた。たとえば、ルーレットの場合にしても、ディーラーが玉を入れるタイミングや強さがわかり、そして、玉が落下するときの空気抵抗、落ちてからバウンドする角度などがわかれば、どこに落ちるかは必ず明らかになるというのである。

それがわからないのは、人間にまだそうしたデータを解析できるような知性が備わってないからだとラプラスは考えた。そして、そうした全能の知性を後の科学者は「ラプラスの悪魔」と呼ぶようになったのである。これ以上明快な決定論はないだろう。

これは、バーンスタインも指摘するように、「すべての事象が無限に繰り返されるならば、その一つ一つはすべて『明確な原因』により起こり、また極めて偶然に見える事象でさえも『ある種の必然性、あるいは、いわば運命』の結果である、というヤコブ・ベルヌーイの考え方を反映したものである[★33]」。

こうしてカルダーノからラプラスまでを見てくると、西洋社会ではいかにキリスト教の影響を脱するのが難しいかを再認識させられる。彼らは「神の前に偶然は存在しえない、ただわれわれにはこの世界をかたちづくる多くのものが見えないだけなのだ」と説く。そのとおり、われわれの前にはなんら確実なものは存在しないし、どうにか手に入るものといえば、なんともあやふやで頼りにならない情報ばかりだというのである。

つまり、そもそも偶然性は「われわれの認識の不完全性」（スピノザ）から生じるというのである。

一九世紀末まで、「偶然」とか「確率」についてはずっとそのように考えられており、世界そのものの構造の一部をなすものだとは考えられてこなかった。ようやくそこにメスを入れたのが、P・A・M・ディラックやハイゼンベルクらといった人々で、現代物理学においては、量子的出来事のレベルに本質的な不確定性があると考えられるようになったのである。

しかし、ここまできてもなお神の存在を否定することはできないだろう。われわれの手元にあるのは、ただ不確実な未来に関する主観的な信念、および、その程度の違いばかりなのかもしれない。科学がそこに切り込もうとすると、核心をなすテーマはいつもスルリと逃れてしまうのである。われわれは「偶然」について、ある程度は数学的に解明できるようになったが、それでも、「すべては偶然か必然か」という大きな主題は依然として残されたままである。個別にはかなり多くの問題が解かれるようになったが、どうしても「わたし」がかかわるとそうした信念が揺らいでしまうのである。

いや、もしかすると、ひたすら偶然とは「わたし」という主体をめぐる出来事なのかもしれない。

24
なぜいつも間違うのだろう

たとえば、25％の確率で二〇〇〇円もらえるよりも、20％の確率で三〇〇〇円もらえるほうを選んだ人がいるとして、果たしてそれは妥当な判断だろうか。こういう場合、期待値の計算は単純だ。2000×0.25＝500、3000×0.20＝600となるから、後者のほうが期待値が大きくなり、この人の判断は妥当ということになる。

ところが、これを逆に損失の観点から見ると、逆の選択をする人が圧倒的に多くなるから不思議である。たとえば、85％の確率で一〇、〇〇〇円もらえるか（15％の確率で何ももらえない）、100％の確率で八〇〇〇円が手に入るという場合、ほとんどの人が後者を選ぶことになるのではないだろうか。実際には、10,000×0.85＝8,500であり、8,000×1.00＝8,000となり、前者に賭けたほうが得になるのだが、なかなかそういう選択はできないものである。

われわれの犯す間違いの多くは、そういうちょっとしたところに起因しているのかもしれない。ただし、いくら確率論的には（つまり、合理的には）正しくとも、実際に生きていくうえでの実感としては間違っていることがあるかもしれない。人生は机上の計算とはまた違ったものだからである。

実際に見ている人からすれば、それほど違いがないように見えるのだが、こちら側から見える景色と向こう側から見える景色とでは、しばしば天国と地獄のように極端に対照的なことがある。

思いは全部どこかでつながっている

Lesson 5

25 幸運かそれとも救いか

たとえば、好きな相手がすでに結婚していたとする。やっかいだが、よくあることだ。あきらめようと思っていたが、なかなかそうもいかない。それでも、結果的には、奥さんと別れて自分と一緒になってくれることになった。さて、これを幸せなことと考えるべきか、また、「勝ち」とするべきかどうか、それはわからない。よくドクターと結婚したナースは決して幸せになれないという。そういうドクターはまた別のナースを好きになるからである。一緒になってからだって二人の運命はどうなるかわからない。幸・不幸はそう簡単には決定できないのである。

あなたのまわりに、なぜ簡単に恋ができないのか、機会がやってこないのか、と思い悩んでいる人がいるとしよう。恋は、一般の考えとは違って、二人で育てるものではなく、その本質はまさに一瞬の出会いと思い込みにある。ぼくの知りあいの女性は、年を重ねるうちに妥協ができなくなり、相手に厳しい要求を課すようになった。「タバコを吸う人はイヤ」とか「四〇歳以上の人はダメ」（自分は三五歳なのに）とか言うので、ますます恋の成就が困難になっている。よくあることである。

恋について、自分の頭のなかだけで考えていてもダメだし、そもそもいろいろな条件を考えることはマイナスでしかない。とにかく現実に多くの人と交流しなければ何も始まらない。好みなんてあってないようなものだし、そもそも自分自身だって年とともに変化しているのである。

恋多き女はいつも出会いのネットワークの結び目に身をおいている。流れに身を投じないと永遠に相手は向こうからやってこないからである。そのために好ましい手段のひとつは、たとえば定例会（パーティ）を友人らとつくることであろう。内容はなんでもよい。そこに各自いろいろな知りあいを呼ぶことにする。それだけでよい。ミクシィ（mixi）だって有効かもしれない。一人ひとりでは何をするにも足どりが重くなってしまうが、みんなでやれば怖くない。そうやってネットワークを広げていくことがまず運を呼び込むための第一歩なのである。

しかし、好きな相手を手に入れたから運がいい、うまくいかなかったから運が悪いということでもない。もっと大事なことがある。どんな出来事にも表と裏があり、表が幸運ならば裏にはさりげない落とし穴がひそんでいる。表が不運だとしてもそれが結果的に好結果を生む場合もある。

たとえば、相手の仕事が順調なときに恋に落ちたとすると、もし相手の仕事がうまくいかなくなったときには、その落差の分だけ二人の関係を立て直すのがむずかしくなる。それに対して、相手がまともな職に就いておらず、二人でゼロから築き上げてきた場合には、おそらくそういうことはないだろう。

ギャンブルにおいても、勝ったら運がいい、負けたら運が悪い、ということはない。**運の**

悪い勝ちもあれば、運のいい負けもある。普通の人は、ギャンブルの目的を勝つことにおいている。それだと、なんでもいいからとにかく勝ちさえすればいいということになりかねない。ところが、そういう考えでいると、いつしか必ず負け組のほうになってしまう。

運の悪い勝ちと運のいい負けがあると知れば、もう少し考え方も変わってくることだろう。たとえば、麻雀の世界で二〇年間無敗という伝説を持つ桜井章一さんは、「振り込んで点棒を取られるとツキが落ちると一般には信じられているが、そうではなく、点棒を差し上げたと思いなさい」と説いている。あげた点棒はまた返ってくるものであり、必死に振り込まないように努力するのではなく、気持ちよく「はい、どうぞ」と差し上げなさいというのである。「金は天下の回りもの」と同じ理屈である。

ところが、多くの場合、勝っている人間は自然に態度が大きくなったり、持ち逃げしようとしてバランスを崩し、負けている人間は自分に疑問を持ち始め、萎縮《いしゅく》してさらに負けることになる。そういうわけで、桜井さんが言うように、いつも中庸でいられるように心を保つことができる人間が最終的な勝者となるのである。まるで仏陀の教えのとおりである。

たとえば、突然の事故で大惨事が起きたとする。そこに自分も居合わせるはずが、ちょっとした手違いで助かった。これを偶然と考えるか（「ラッキーだった」）、何かが守ってくれたんだ（「神様のおかげ」）と考えるかでは大きな違いがある。歌手の淡谷のり子は、実際、そういう事故に直面している。永六輔氏の『大往生』で、それについて語っている。

永　お不動様に助けられたことは自覚していますか？

淡谷　はい。ハルビンへ巡業でいったとき、ホールの屋根が落ちたんです。ほんとでしたらそこにいたはずなんですが、あんまり人さまが来て下さって、ホールに入りきらないんで、収拾がつくまでホテルにいなさいって言われて、そこで待機してたんです。そのとき、お不動様に助けられたんだと思うの。

永　でも、そこが大切なところで、子供の時からお参りをしているから助けられたという考え方と、偶然いなかっただけだと考えるのでは、ずいぶん違いますよね。[★34]

自分の身に何かいいことが起こった場合、それはそれで別に何も深く考えなくてもいい。では、もしあなたの身の上にひどく悪いことがのしかかってきたらどうするか。運が悪いとあきらめるのか、それとも、何かの合図と考えるのか、また、これを機会に自分の身を律しようと思うか、いざとなるとなかなか判断がむずかしいものである。

26 クージョ

われわれは自分の身のまわりに何か悪いことが起こると、ついそれらを次々と結びつけて考えがちだ。「あのときあんなことをしたからこんな目にあうことになったんだ」とか「もしあのとき違ったほうを選んでいたら、不幸にはならなかったはず」とか、どの出来事も連鎖反応で結びついていく。

たとえば、スティーブン・キングの『クージョ』を例にとってみよう。★35

ストーリーはきわめて単純だ。炎天下、故障した車のなかに閉じ込められた母子が、クージョという名の狂犬病にかかった巨大なセントバーナード犬に襲われるというものだ。だが、そこにいたるまでの経過が実に入念に描き込まれている。それぞれの必然性の連鎖がみごとなネットワークをかたちづくり「事件」を成立させている。

幸福なトレントン一家は突然の不幸に見舞われる。といっても、どこにでもありそうな出来事である。父親のヴィクはＰＲの仕事をしているが、ちょっとしたアクシデントで自分のオフィスの存続の危機に直面する。母親のドナは日常の生活に不安を感じ、ある男と関係してしまう。そうした事態の進行が四歳の息子タッドにも影を落とすことになる。彼は夜ごと自分の部屋の押入れのなかに怪物の姿（幻影）を見るようになるのだった。

両親はタッドに、お化けなどいない、夢だと言って納得させようとする。「お前の心がなにかを見たんだよ、タッド」と父親のヴィクは言い、おまじないの文句を教える。だが、タッドの心が見たものはそこから離れることはなかったのだった。何か不吉なことが起こりつつある。だれにも避けることのできない予測しがたい災難、不条理がついそこまでやってきている。それがタッドの前には怪物として姿を現したのだった。

この物語には伏線がある。冒頭に連続殺人鬼フランク・ドッドのエピソードが書き加えられている。一九七〇年代にメイン州キャッスルロック（トレントン一家の住む町）に登場したこの化け物は、人々の心に大きな衝撃を与えるが、逮捕される直前に自殺してしまう。それゆえに、事件は人々の記憶に残ることになる。フランク・ドッドは人々の心のなかで死んではいないのである。そう、化け物（連続殺人犯の亡霊）は、まずタッドに前兆として現れ、後に狂犬クージョに姿を変えて現実に登場することになるのである。

父親のヴィクはクライアントとの協議のため出張に出かける。車の修理工場のキャンバー一家はそれぞれの理由で家を離れている。そこの飼い犬クージョはウサギを追いかけてコウモリにひっかかれ、狂犬病に感染する。そして、そんなこととは露知らず、母子は愛車ピントの修理にその郊外の修理工場に出かけることになる。物語は狂犬病を発症したクージョと母子の出会いに向かって一直線に収斂《しゅうれん》していく。

つまり、**いくつかの事象の系列がある一点で出会うことによって、スーパーナチュラルな出来事が浮上してくる**のである。それぞれはよくある日常的な事柄で、どれもがしっかりとした因果性のネットワークに絡みとられている。父親のヴィクは仕事のトラブルで出張中だし、修理工場の連中はたまたま留守にしており、クージョは狂犬病に感染したばかり。そんな折に、母子はその無人の修理工場に車の修理に出かけることになる。単なる偶然の組みあわせが非日常的な事件を引き起こし、それに超現実的な外見が与えられていく。予測しがたい災難、不条理といったものは、たいていの場合、偶然のワナでしかない。母親のドナは、だれもいない修理工場で狂犬病にかかったクージョに襲われて、さまざまな妄想にとらわれる。どうして自分たちがこんな目にあわなければならないのか。

やめて、と彼女は荒々しく自分に命じた。この犬は物を考えないし、子供部屋の押入れから出てきたお化けでもないわ。ただの病気の犬よ。このつぎはあなた、この犬は夫を裏切ったことに対する神さまの罰だなんていいだしかねない——

次第に彼女の怖れは肥大していく。目に見えるものから見えないものへと。そして、見えないものから見えるものへと往復運動を繰り返しながら、予想外の状況へと追い詰められていく。「偶然の」災難は、ただそれだけにとどまらなくなる。**予測不可能なもの、不条理が、**

われわれの心に揺さぶりをかけることによって、同時に外在化するのである。心に思ったことは実際にも起きてしまうのだ。しかも、それは罪と罰というきわめて倫理的な事柄ともたちまち結びついてしまうのである。

スーパーナチュラルな事象はとんでもなく遠いところからやってくるのではない。それはむしろわれわれの日常の裏側にぴったりと貼りついている。それが表面化するきっかけは、ささやかな「不安」であったり、やみくもな「情熱」であったり、ちょっとした「後悔」の念であったりするのである。

これまでのように、ただひたすらこの世の出来事を「原因→結果」の網の目でとらえようとするのではうまくいかないことはわかっている。それより、さまざまな事象系列が出合うことによって変化が引き起こされる「場」からスタートして考えていかなければならないであろう。

27 彼が急に冷たくなった？

幸運は、「棚からぼた餅」というように、突然訪れるものと考えられがちだが、不運は連鎖反応で次々といろいろな事象と結びつきやすい。われわれは何か悪いことがあったとき、ついその原因を自分の身近に見つけようとする習性がある。たとえば、次のような場合を考えてみよう。

これまでずっと愛しあっていると思っていた彼が急に冷たくなった。いったい彼に何が起こったのだろうか。突然、「しばらく距離をおきたい」と言ってきた。これまでそんな兆候はまったくなかったし、そこそこ順調だと思っていたのに、いったいどうしたことだろう？　自分に何か落ち度があったのか、向こうに好きな人でもできたのか、それとも、単に二人の関係に飽きてしまったのだろうか。

冷静になって考えてみる。これは彼からの「別れたい」という信号ではないか。しかし、経験からすると、「追えば必ず相手は逃げる」というのが条理だし、そうなると、こちらからあれこれ問い詰めるのは逆効果。でも、それならほかに何かいい方法でもあるのだろうか。おそらくこのまま放っておくと別れることになるのは間違いない。それだけはどうしても避けたい。

そんなとき、たいてい悪いことが重なっていくつか起こる。現在処理中の仕事がつまずく、なんだか身体が重くて物事に集中できない、カタログで頼んでおいた品物が届かない、家族が病気になる。こういうときにはとんでもなくいいことは決して起こらない。宝くじで一億円当たるなんてことはまずありえない。それぞれの出来事はつながっているわけではないのだが、それでも、どこかですべてはひとつに結びついている。ちょっとしたことがほかのすべての出来事に影響を与えてしまうのだ。

シェリー・アーゴフによれば、そんなときには「彼に振り向いてもらおうとするのをやめ、自分で自分に目を向ける」[★36]ことだという。だいたい男性は、女性が彼のために自分の生活を犠牲にしたり、生活スタイルを変えたりすると、相手に対する興味を失ってしまうものだ。いつも決まった時間に電話するのを待っていたりされるのが、次第に重荷になってくる。電話の時間になると、いつも「ああ、やっかいだなあ」とつぶやくようになる。

解決策はただひとつ。自分の周囲に起こったことのどれでもいいからひとつ解決するたびに、状況は少しずつ変わってくるはず。てきぱきと仕事上の困難を取り除く、カタログ会社に遅延の連絡をする、かかりつけの医者に相談する、家族の不幸にまっすぐ立ち向かう。そうやって、自分の興味を相手からほかのものにそらせることが肝心なのだ。すぐに優先順位を変えること。そう、「おきまりのパターンを打ち破る」ことなのである。

人間の心は同じことの繰り返しを好まない。一種の連想関係を通して何もかもがつながってイヤになってくる。そういうときは、まず身のまわりの簡単に片づくものから始末していくことが最善の方法なのである。そうした事柄を始末していくと、自然と彼のことから興味がそれることになる。そうすると、彼のほうもあなたに対する余裕が生まれるというわけである。

われわれの生活は半分は痴愚の中に、半分は知恵の中にある。人生を敬虔に、立派にしか描かない人は、その半分以上を後に置き忘れている。[★37]

28 メランコリア

しばらく前に精神科医のもとに通う女の子と知りあったことがある。ただし、その病気の詳細については何も知らない。とりわけ魅かれるところもなく、数回会った後、たまたま朝まで飲む機会を持った。ぼくと彼女以外に四〇代の編集者二名。あえてそういうセッティングをしたわけではない。

そのときにわかったのは、驚くべきことに彼女が絶妙の聞き手だったことである。こちらがいつのまにか饒舌《じょうぜつ》にならざるをえないような不思議な力が彼女のなかにひそんでいたのだった。彼女の前ではだれも黙っていられなくなる。ついつい引き込まれてしまうブラックホールのような魅力。一方的にしゃべる三人の男たち。おとなしく話に聞き入る彼女。

仕事柄、毎日のようにたくさんの女子学生を相手にしているが、もし彼女がそのなかにいたとしても、おそらくまったく目立たなかったことだろう。研究室を訪れる女の子たちは、必ず何かしゃべらざるをえない問題を抱えている。論文のテーマについて質問したり、読むべき参考文献を指示してくれるようにと依頼したり、証明書や推薦状を必要としたり、私生活上のアドバイスを求めたり。彼女らが何か必要なことをしゃべり、それにこちらがさまざまに反応していく。研究室での応答はたいていそのように進行していく。ところが、精神科に通う彼女は、自分について話すのが苦手ときている。おそらく医師やセラピストのもとでも、同じように振る舞っているのではないか。

そうなると、本当のところ、いったいだれが話し手で、だれが聞き手なのか。もしかしたら、本質的には彼女こそセラピストであり、われわれのほうこそクライアントではないのか。たしかに彼女はこの社会のなかではさまざまな困難を背負わされているに違いない。しかし、それをあえて癒そうとせず、むしろわれわれがクライアントの役割に甘んじれば、つまり、いったん関係が逆転してしまえば、すべてが信じられないぐらいうまくいくのではないか。実際、何もしゃべらない彼女を取り巻く男たちは、彼女がただそこにいるだけで十分に癒されているのである。

なぜ社会に適応しないというだけで、彼女こそ「癒される」必要のある「病人」だとされるのだろう。それはルール上仕方ないことなのか。もし社会のほうが間違っている場合はどうなのか。彼女をそういう社会に適応するようにすることが、果たして「治療」なのだろうか。

この世の中では、だれもが自分に与えられた役割を全うするのに精一杯である。他人の心の微細な動きにまで配慮している余裕はないのかもしれない。他人はすべてわかりやすい記号に還元されればそれでいいという考え方もある。そのほうが好都合な場合だって少なくない。だれも彼女自身の真実を見ようとしないのは、そんな必要も余裕もないからである。とにかく、だれかが与えられた役割から逸脱するとしたら、それを「狂気」のせいにすればいい。

とにかく、E・ゴッフマンも指摘するように、社会的に不適当な行動が心理的にはノーマル

でありうるし、社会的に適当だとみなされる行動が真に病気でもありうるということである。★[38]

29 わたる世間はウツばかり

いまの世の中には、ウツ（鬱病というよりも広義の「気分が沈んだ状態」を含む）になる人がかなりの勢いで増えている。しばらく前だったらウツは限られた人がかかる精神的な病気として理解されていたが、いまやもう普通の日常会話で頻繁に使われる言葉になりつつある。どうしてそんなに増えてしまったのか。いや、むしろ人がウツになる原因を探っていけば、だれよりも幸せな生き方ができるのではないか。

では、ウツの原因は何か。もちろん、そう簡単には理解できないのだが、たぶん、「どうしてあんな失敗をしてしまったんだろう」「こんなことでは生きるに値しない」「自分はダメ人間だ」と、くよくよ悩むところからきているのではないか。生きる自信を失っているというか、自分の存在価値が見出せなくなってしまっているところに、ウツがこっそり忍び込むのである。

それならば、そういった人たちにどういうふうに対応してあげたらいいのか？　答えは簡単だ。その人が心のなかでもっとも望んでいるものを与えてあげればいいのである。それがあれば生きていくことができるような何か、しっかりと自分の生活に根を下ろして毎日を送ることができるような何か。いったいそれはなんだろう。ちょっと考えてみよう。

カーネギーの『人を動かす』に次のようなエピソードが書かれている。

凶悪殺人犯クローレーは、あるとき道端に車を停めてガールフレンドとあやしげな行為に耽《ふけ》っていた。すると、だしぬけに一人の警官が自動車に近づいてきて、免許証を見せるようにと声をかけてきた。いきなり拳銃を取り出したクローレーは警官に向かって乱射し、さらに警官の拳銃でとどめまでさしたのだった。しかし、そういう彼自身は、後に、「〝だれひとり人を傷つけようとは思わぬ心〟の持ち主」だと自分を評している。最後に電気椅子にかけられるときでさえ、「こうなるのも自業自得だ——大勢の人を殺したのだから」とは言わず、「自分の身を守ったことで、こんな目にあわされるんだ」とつぶやいたのだった。こんな凶悪犯でさえ「自分が悪い」とは思っていないのだ。「すべては他人のせい」なのである。★39

つまり、このエピソードで重要な点は、どんな凶悪犯であろうと、その人間のやったことを反省させることはできないということである。いつでも彼らは世間が自分を誤解しているだけだと思っている。だれが考えても間違いだとされていることでも、必ずしも反論できないわけではない。それほど人の間違いを指摘して、それを正すというのはむずかしいことであり、それゆえに、もっと別のやり方を考えなければならないということになる。

カーネギーは次のように書く。「**人を動かす秘訣は、この世に、ただひとつしかない。この事実に気づいている人は、はなはだ少ないように思われる。しかし、人を動かす秘訣は、まちがいなく、ひとつしかないのである。すなわち、みずから動きたくなる気持を起させること――これが、秘訣だ**★40」。

どんな相手でも議論で打ち負かすことはできない。相手に反省させるのはとんでもなく困難なことだ。となると、人を動かす秘訣は、相手を説得してこちらの考えを理解させることではなく、相手が心から求めているものをこちらから与えることでしかない。いったいそれはなんなのか？

カーネギーは人が欲しがるものとして以下のような項目を挙げている。

一、健康と長寿
二、食物
三、睡眠
四、金銭および金銭によって買えるもの
五、来世の生命
六、性欲の満足
七、子孫の繁栄
八、自己の重要感

実はカーネギー自身も主張しているように、このうちでもっとも大切なのは最後の「自己の重要感」なのである。同書によれば、W・ジェームズも「**人間の持つ性情のうちでもっとも強いものは、他人に認められることを渇望する気持である**」と述べている。

そう、人がもっとも望んでいるのは、「あなたはかけがえのない人ですよ」という一言なのである。

人を動かす秘訣は、何よりも、「あなたのことを本当に必要としている」と相手に伝えることである。「あなたがいることによって幸せになることができる」と認識させることである。

よくチームを組んでフィールドワーク（野外調査）に出かけたりするのだけれど、たとえば、六人のメンバーがいたら、一人にビデオ、一人にカメラ、一人に音声（SE）、一人にインタビューというように、それぞれに役割を与えてしまうのが、もっとも効果的なやり方ではないかと思う。自分の持ち分が決まると、だいたい人は元気になるものである。実際にビデオをまかせるにはちょっと不安がある相手でも、そこは目をつぶって信頼する。「この調査のビデオはきみの力にかかっている」と伝える。そこまで言われて張り切らない人間はいない。結果が多少悪くても、そんなことは気にしないでいい。メンバーが結束しさえすれば必ずいい調査になるものである。

だれもが心の底でもっとも強く願っているのは、自分の存在がほかのだれかのために大きく役立っているという実感ではなかろうか。いくらたくさんギャラをもらっても自分の存在理由が認められなければ、きっと心からの満足は得られないだろうし、逆に、自分の存在がいかに重要かということを納得できれば、たぶん金銭などそれほど大きな問題ではなくなることであろう。

人生は、もつれてしまった糸玉だ。意味はあるが、それを知るためには解きほぐして、きちんと伸ばすか、注意深く巻き直す必要がある。そのままでは答のない問題であり、中心を欠いた混乱でしかない。[★41]

30 悪い連鎖を断ち切る

いいことも悪いことも身のまわりには同じくらい起こっている。ただし、いいことは見えにくい。そして、悪いことはどうしてもつながりやすいので、つい余計なことまで考えてしまう。いいこと同士はなかなか結びつかず、悪いことばかりがつながっていく。では、どうしたらいいのか。

それには、まず自分が抱えるやっかいな事柄を、比較的やりやすいものから順番に片づけていくことである。悪いことの連鎖を断ち切るためには、まずは一番つながりの弱いところから攻めていくことが肝心だ。手をつけさえすればすぐに解決がつくこともたくさんあるはず。それらを後回しにしてはならない。

それから、自分のまわりに起こるいいことを見えやすいようにすることであろう。友人とジョークで笑いあう、バーゲンで新しい洋服を買う、おもしろい映画を見る、公園でかわいい犬が走り回っているのを見る、おいしいランチを食べる、等々。こうしたリストをつねに一〇以上持っていることが望ましい。それらを意識するだけでも十分意味がある。いいことのつながりをいつも意識していること、悪いことのつながりを切ること、そうすると、次第にいい流れに乗ることができるようになるだろう。

Lesson 6

いい流れには黙って従う

31 縁起とは何か

インド仏教の基本は、釈迦の時代からつねに、現実と自己とのギャップに直面して、現実が自己の思うとおりにならないという「苦」を、いかにして超克するか、いかに悩みや煩いや憂いなどを滅した心身の安らぎに到達するか、という点にあった。そのためにはまず「苦」がどのようにして生ずるのかを見きわめなければならないということになる。物事がいかにして起こり、それがいかにしてまた別の物事の原因となるかを探るのが、そもそも縁起という考え方である。

釈迦がブッダガヤの菩提樹の下で悟りを開いたときの悟りの内容は、一説では、この縁起という考え方だったのではないかといわれている。それについては諸説あって断言はできないが、「これあるがゆえにかれあり。これなきがゆえにかれなし」、あるいは、「これ生ずるがゆえにかれ生ず。これ滅するがゆえにかれ滅す」という考え方は仏教の根幹を成すものであるということは確かであろう。さらに、**この世の物事はすべて相対的なもので、それらは相互の関係性のもとでしか存在しえない**というのである。

ここまではいいだろう。この世の出来事はすべて偶然なのか必然なのか、それとも、すべて神の御業《みわざ》と考えるべきなのか。仏教はそうした人間の存在に関わるもっとも深遠な議論をすでにその出発点から抱えていたのである。縁起の考え方は自動車でいうとそのためのエンジン部分なのだった。

西欧の哲学が「因果性」ではなく「縁起」という観点をとり入れるようになったのは比較的最近のことである。それに対して、仏教ではすでに二五〇〇年も前から「この世の出来事はすべて偶然なのか必然なのか」という問いかけが中心的課題として考察されていた。これはまさに奇跡的なことである。

しかし、その議論の展開は、ナーガールジュナなどを例外とすれば、その後それほど深まっていったのかどうか多少疑問もある。たとえば、十二支縁起の論議などはその典型であろう。

十二支縁起とは、この世の出来事はすべて次のような因縁によって結ばれているという考え方である。すなわち、無明《むみよう》―行《ぎよう》―識《しき》―名色《みようしき》―六処―触―受―愛―取―有―生《しよう》―老死《ろうし》である。無明とは、単なる無知を指すのではなく、生あるものとして避けがたい無知、たとえば、自分の生まれや死を知りえないということを指している。無明を縁として行があり、行によって識がある。識によって名色が生じ……生を縁にして老死がある、というように、十二支縁起とは、われわれを取り巻く「苦」が生じる原因を遡って論じたものである。

しかし、仏教に限ったことではないが、こうした思弁こそがまことにやっかいなもので、それによって問題の本質が明らかになるどころか、むしろ曖昧《あいまい》にされてしまうことになりかねない。人生にとって究極の苦しみの典型は、生、老、病、死である。釈迦は、苦しみからいかにして脱することができるかを説き、そのためにこの世の中に網の目のように張りめぐらされている「理《ことわり》」の集合体として、まず「縁起」を理解せよと述べたわけである。それをそのまま具体的に説いてみせればいいのであって、思弁のための思弁を繰り返してはならない。

ただ、その際、「理」がどのようにわれわれとかかわっているのかという点は、まさに仏教の教えの大事なポイントでもあるのだが、ナーガールジュナらによると、それらはすべて「自己」とのかかわりにおいてしか意味を持たないというのである。

AとBとの関係という場合、仏教思想の非常に大きな特徴は、一言でいえば、そのうちのAがつねに自己ないし自己の現実にかかわっているということである。仏教にあっては、自己ないし自己の現実を離れて、全然無関係の第三者において、関係支が立てられるということは、きわめて例が少なく、たとえそのような稀な場でも、その関係支の討議が、その討議のさなかないし結論の線上で、やはり自己ないし自己の現実に引き戻されている、もしくはそのような営為が必ず存する。換言すれば、仏教においては、ほとんどの場面において、関係性をいい、縁を説くが、そのさい、つねに自己ないし自己の現実を一方の支とし、それに対する他支との縁—関係を考え、論ずる。★42

このことを明確に示したのが紀元二世紀に登場したナーガールジュナであり、すべては相対的な関係性のネットワークのもとにあり、この世にはいかなる実体をも見出すことはできないと論じたのだった。こうした見方は、西欧ではようやく二〇世紀に入ってハイゼンベルクらによって唱えられたわけであり、直接的な因果性の論理を超えた考え方が重要視されるようになったのは、なんと一九二〇年代以降のことなのである。

では、縁起によってわれわれの世界はどのように読み解かれることになるのだろうか。

32 因果性

いいときはつねに未来は決定しているように見える。すべてがこのまま永遠に続いていくように感じられることであろう。たとえば、一九九〇年の銀行利率は7%だった。貯蓄に励めばいつかは働かなくとも生きていけるという幻想が振りまかれていた。ところが、一九九五年に阪神・淡路大震災が起こると、事態は一変してしまった。未来は一挙に不透明になる。自分だけでは支えきれない、一緒に闘ってくれる味方が欲しい、また、何か生き抜くための資格が欲しい、たちまちにして、そんな空気が蔓延するようになった。あっけないものである。

いいときは、未来は決定しているように見える。では、悪いときはどうか？

多くの人類学者が報告するように、いわゆる「未開社会」ではそういうときにはさまざまな試み（儀礼）がなされてきた。たとえば、雨乞いのダンス。かつての西洋人はそれを見て、「なんという無知な連中だろう」と口々にののしったものである。「ダンスを踊ったからといって雨など降るわけがない」「なんと愚かなことだろう」と。しかし、彼らだってそんなことくらい知っていたのである。雨乞いのダンスは、そのまま雨を降らすためのものではなく、社会的に危機意識を共有するための儀礼であり、実際、それによって人々の結束は著しく強まったのである。

旱魃《かんばつ》や飢饉のときの占いや儀礼も同じ意味を持っている。いいときは何もする必要はない。しかし、悪いときは何か普段とは違ったことをしなければならない。それまで合理的と思われたあらゆるものがこうした事態を招いたのだから、もっと別の選択肢が必要となってくるのである。

つまり、これまでみんなで共有していたコンセンサスがうまく機能しないというわけなのだから、それに替わるものを見つけなければならない。ただし、それは普段すべてがうまくいっているときには見えにくいもので、むしろ、合理的な説明からはもっとも遠いものでなければならない。これまで「合理的」と思っていたことの積み重ねの結果、どうにもならない事態を招いてしまったのだから、どちらかというと「非合理的」に見えるものほど考慮に値するということになる。

かえって、なんらかの論理が介入することができるとなると、その解決策は意味を持たないことになる。そう、そんなときにこそ、儀礼（雨乞いのダンス）が必要となってくるのである。この世の中は見えない網の目によってがんじがらめに構成されている。われわれにわかっているのはそのほんの一部分でしかない。いまや、網の目のように張りめぐらされている「理《ことわり》」のいくつかを目に見えるかたちで示すことが必要なのである。

もともと偶然の「偶」とは、偶数とか配偶の偶、つまり1と1が合して2となること、「二つのものが出遇うこと」[★43]であるから、これこそ偶然のもっとも根源的な意味だともいえるだろう。

そうなると、たとえば偶然の諸法則は、むしろ因果律と類を異にするものではなく、おびただしい数の原因が入り組んだ結果だとも考えられる。つまり、偶然の出来事とは、因果的に決定された多くの系列が交叉した結果だというのである。すなわち、偶然とは見えない因果律の重なりあいのひとつだというのである。

33 南方マンダラ

たとえば、前に挙げた例だが、子どもが交通事故で亡くなったとする。そんな場合、いかなる慰めも無意味なことであろう。親が知りたいのは、交通事故の原因や理由などではなく、よりによってなぜそれが自分の子どもの身に起こったのかということに尽きる。いったいなぜほかの人間ではなく、自分の子でなければならなかったのか？

日本民俗学の泰斗・南方熊楠《みなかたくまぐす》は、明治三六（一九〇三）年七月一八日付の土宜法竜《どぎほうりゅう》（後の高野山管長）宛の書簡の欄外に意味不明の図を描いている。幾本かの筋がめちゃくちゃに書き込まれているわけだが、どうも南方自身によれば、それは物事の理《すじみち》の集合体らしい。[★44] この図に

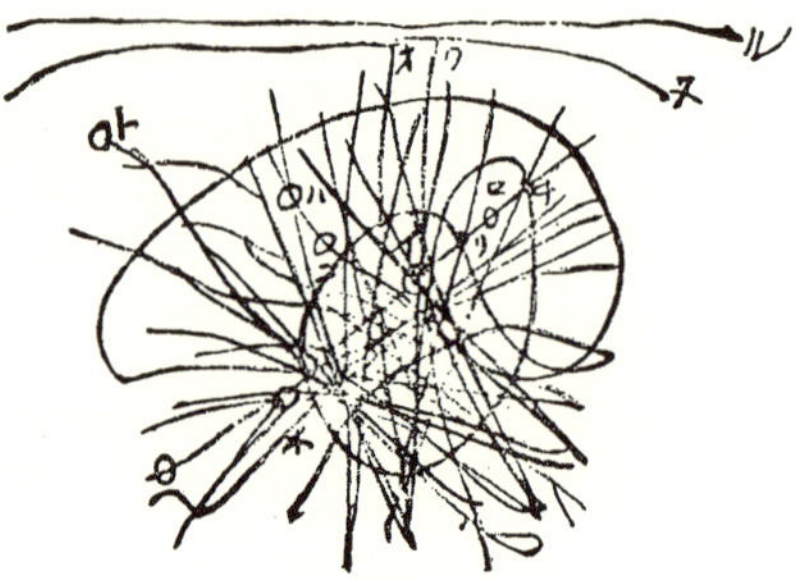

南方曼荼羅（『南方熊楠全集』第７巻　書簡Ⅰ、平凡社、1971より）

おいては、さまざまな理が、相互にかかわりあいながら存在している。ただし、それが偶然に多く集まっているところ（見にくいが「イ」と書かれている）や、やや多めに集まっているところ（「ロ」や「ハ」）も存在する一方、他とは交わらない線（「ル」）もまた存在している。

　この図について、かつて鶴見和子は「南方曼荼羅《マンダラ》」と名づけたわけだが、どうやらこの図を解くカギは、やはり土宜法竜宛の明治三六年八月八日付の書簡にある図にあるように思われる[★45]。

　左図は南方によって次のように説明される。

「因はそれなくては果がおこらず。また因異なればそれに伴って果も異なるもの、縁は一因果の継続中に他因果の継続が竄入《ざんにゅう》し来たるもの、それが多少の影響を加うるときは起、（中略）別に何のこともなきときは縁。（中略）故にわれわれは諸多の因果をこの身に継続しおる」

簡単に要約してみよう。

ここには二つの因果性の系列が示されている。右の因果性の系列と左の因果性の系列である。右のベクトルが一定の方向性を持つことには必然性があるし、左のベクトルの方向性についても必然性がある。だが、この両者がある一点で出会うという必然性はないはずである。南方熊楠は、この出会いを「縁」と考えたのである。

南方は次のようにも言う。

「縁に至りては一瞬に無数にあう。それが心のとめよう、体にふれようで事をおこし(起)、それより今まで続けて来たれる因果の行動が、軌道をはずれゆき、またはずれた物が、軌道に復しゆくなり。予の曼陀羅の『要言、煩わしからずと謂《い》うべし』というべき解はこれに止まる。

南方による縁［上］と起［下］(『南方熊楠全集』第7巻　書簡Ⅰ、平凡社、1971より)

これを実例を挙げて演繹せんには、なかなかむつかしく、一生かかるも言い尽し得べからず」

南方は「縁」とは別に「起」というのもあると言う。それが下図である。つまり、上図では、右の因果律と左の因果律がある一点で出会っても、それぞれの方向は変わらない。ところが、下図では、両者が出会ったことによって、それぞれの方向性が変わってしまう。それを「起」としたのである。「縁」も「起」もともに偶然の出会いであることには変わりはないが、そこにはいくらかの相違も見出されるわけである。

南方いわく、「故に、今日の科学、因果は分かるが（もしくは分かるべき見込みあるが）、縁が分からぬ。この縁を研究するがわれわれの任なり。しかして、縁は因果と因果の錯雑して生ずるものなれば、諸因果総体の一層上の因果を求むるがわれわれの任なり」。

そう、どういう原因があってどういう結果が生まれたかはよくわかっている。だが、別々の理が絡みあうともうわからなくなってしまう。それでは科学とはいえない。宇宙はそれら相互の絡みあいなのだから、むしろ、因果そのものよりも、いかにそれらが絡みあっているかを解かなければ何もわかったことにならないのではないか、と南方は言うのである。

34
永遠に出会わないもの

南方熊楠は、幼いときから驚くべき好奇心と記憶力の持ち主で、すでに一〇代のころに『和漢三才図会』や『本草綱目《ほんぞうこうもく》』を筆写するなど、その特異な才能は周囲を驚かすほどのものだった。明治一七（一八八四）年に大学予備門（後の東京大学）に入学し、正岡子規や夏目漱石らと同期でもあったが、そこでの勉学に飽き足らず、明治一九年、一九歳のときに渡米、とりわけ菌類や地衣類の魅力にとりつかれ、その研究に没頭してフロリダに向かい、さらにキューバにわたってサーカス団に入ったりしたのだった。

その後、明治二五年にロンドンに入り、科学雑誌『ネイチャー』に数多くの論文を発表したこともあって、大英博物館の東洋関係文物の整理を依頼されるが、その一方、土宜法竜や孫文と知りあい意気投合し、以後親交を結ぶことになる。ただし、彼はほかの客にかんしゃくを起こしたり、けんかしたりで、トラブルが絶えず、明治三一年、ついに大英博物館を去ることになる。

明治三三年一〇月一五日、三三歳で帰国、ただし、なんの学位もとることなく、あまりに粗末な姿で戻ったため、周囲は相当がっかりしたという。その後、紀州は田辺に居を構えると精力的に粘菌の研究に打ち込み、昭和四（一九二九）年には昭和天皇への進講を果たすにいたる。ただし、天皇に献上した粘菌標本一一〇点を森永キャラメルの空き箱に入れたことは、後々まで広く言い伝えられている。まったく無位無官の在野の人間が天皇に進講するなど前代未聞のことだった。

南方熊楠の「履歴書」は抱腹絶倒の傑作で、ちょっと読んだだけでも、いかに彼が奇行の人かわかるに違いない。たとえば、土宜法竜宛の書簡（明治三六年七月一八日、八月八日）が、そうした彼の真髄をよく表している。「子分　法竜米虫殿　貴状拝見、今度讃岐へ帰るとか、船中にて見るためにこの状ちょっと永く書くなり。よくよく味わいたまうべし」。高野山一の高僧に向かってなんということを書くのだろう。しかし、この人を食ったようなところが熊楠のおもしろさでもある。

次の手紙の一節もまた同じ。「貴君らすでに科学を享受すべき白地すら持たず。いかにして曼陀羅ごときこみ入ったものを受解し得んや。これを教えんとならば、まず諸科学の根底からいわざるべからず」。つまり、あなたがた僧侶は科学を全然理解していない。それなのに、どうしてこみいった曼荼羅を読み解くことができるだろう。まずは、科学についての勉強から始めてはいかがなものだろうか、というのである。まったく人を食った話である。しかし、そう言えるだけの学問的素養が彼にあったというのもまた事実なのである。

西欧の自然科学では、因果律そのものについては詳細に論じられてきたが、ある因果律と別の因果律がある一点で出会ったり別れたりする理由については、まったくといってもいいくらい論じられてこなかった。それに対して、仏教には「因縁」という言葉がある。つまり、真言密教などの考え方は、最初から「因果律」（必然性）だけではなく、「因縁」（偶然性）をも問題としてきたわけである。

南方熊楠は、森羅万象を、さまざまな理（すじみち）が絡みあったひとつの集合体であるとみなした。そこには当然のように濃淡があって、ある場所では多くの要素が絡みあい、ある場所では単純な法則性が支配するという具合になっている。先ほどの図（南方曼荼羅）はそのモデルということになる。もう少し熊楠自身の説明に耳を傾けてみたい。[★46]

南方熊楠の説明

> 図中（イ）のごときは、諸事理の萃点《すいてん》ゆえ、それをとると、いろいろの理を見出だすに易くしてはやい。（ロ）のごときは、（チ）（リ）の二点へ達して、初めて事理を見出だすの途に着く。

つまり、事象がさまざまに交叉している点があるとすれば、それをもとに考えると、いろいろなものが理解しやすいだろう。それにひきかえ、あまり他の物事と触れあっていない事象は、それが他と触れあっている地点を見つけることによって、初めてそのあり方が相対的に理解できるようになる、というのである。

南方熊楠の説明

（ヘ）ことに（ト）ごときは、（人間を図の中心に立つとして）人間に遠く、また他の事理との関係まことに薄いから、容易に気づかぬ。また実用がさし当たりない、（ヌ）ごときに至りては、人間の今日の推理の及ぶべき事理の一切の境の中で、（この図に現ずるを左様のものとして）（オ）（ワ）の二点で、かすかに触れおるのみ。

われわれが日常めったに出合わない事象もある。それらは何かあったときに初めて気づかされるのだが、通常はあまり意識されることのない事柄として棚上げされている。さらに、もっと離れた事象となると、何か特別なことでもないかぎり、存在さえも認められないことが多くなる。わずかにある特定の出来事が起こった場合にのみ、その存在がクローズアップされるわけで、たとえていえば「皆既日食」とか「地殻変動」のようなものであろうか。

さらに、南方熊楠の説明

（ル）ごときは、あたかも天文学上ある大彗星の軌道のごとく、（オ）（ワ）の二点で人間

の知りうる事理にふれおる（ヌ）

しかし、事ここにいたれば、これは人知を超えた事象として、想像するほかないということになる。まったく不明ではあるが、存在しないというわけでもないのだから、どう理解するかは人それぞれということになるのだろう。

運命の一つひとつの系（série）はどのように絡まっているのか、この図はそのひとつの原型モデルのようなものとして描かれたわけである。書簡の欄外に描かれたいたずら書きというのが、いかにも南方熊楠らしい。宇宙はいくら繊細に描きとめようとしてもダメで、ぐちゃぐちゃっといいかげんに描くぐらいでないとその本質は捉えられないというのであろうか。いたずら書きだからこそ読みとれるものがある。

なんだかこの図はルーレット・テーブルのようにも見える。もしかすると、われわれがおかれている状況というのはそれほど複雑なものではないのかもしれない。ひとつの秩序は、なんらかのノイズの介入によって、いくらでもそのレベルを高めることができるわけで、複雑さはそちらから来ているのかもしれない。

35 ルーレット

ある日、ルーレット・テーブルにたまたま座ったとしよう。ルーレットには1から36までの数字が書かれており、それに0を加えた37通りがすべてである（アメリカは0と00）。この0が親のアドバンテージ（ハウス・エッジ）で、それがなければルーレットはまったくイーブンの賭けということになる。つまり、この0で毎回カジノ側は2・65％のアドバンテージを得ることになる。

2・65％というと、1ドルずつ一〇〇回賭けて2ドルちょっとの負けだから一見大したことないように思えるかもしれないが、それが積み重なるといつのまにか大変な金額になってしまう。ルーレットをやった人なら、どなたも経験があるのではなかろうか。

いずれにしても、もしあなたがどれかの数字に賭けて当たると36倍の配当になる。では、どれに賭けるべきか。もちろん確率はすべて37分の1だから、どれに賭けるのもあなたの自由ということになる。

だいたい初めて賭ける人は、自分の好きな数字に賭けることが多いようだ。たとえば、「ラッキー7」とか「幸運の8」とか「自分の誕生日の25」とかである。もしあなたが10に賭けたとしよう。それがみごと的中すれば文句なしなのだが、なかなかそうはいかない。となると、次はどうするか。あなたはもう一度同じ数字10に賭けてみることだろう。そうして、幾度か休んだり、気まぐれに他の数字に賭けたりしながら、ずっと10に注目している。

そして、「もうかれこれ三〇回も10が出ない。そろそろ出ないとおかしい」となると、ずっと10にチップをおくことになる。ところが、五〇回も六〇回も出ないとなると、そろそろチップもなくなってくる。「ええい、次こそ」と残り少なくなったチップを全部10に賭ける。そして、ほとんどの場合、がっくり肩を落としてカジノを去ることになる。これが典型的な負けるパターンである。

そんな確率の悪い勝負をしていたら、いくらチップがあってもダメだと思う人は、他の賭け方、たとえば、赤と黒のどちらかに賭けるということになる。こちらなら二回に一回は勝つはずだから、とあなたはランダムに賭け始める。そして、赤・赤・黒・赤と出た。あなたは勝ったり負けたりする。そのうち、あなたが赤に賭けているのに、三回連続で黒・黒・黒と出た。さて、どうするか。

ここまで三回赤に賭けて負けているので、あなたも多少むきになってきている。四回連続して黒が出る可能性は一六分の一だ、そんなはずはない、とあなたはもう一度赤に二倍のチップをおく。結果は黒。さて、では次はどうするか。もうここまできて黒に賭けて、赤が出たら目も当てられない。もう一度赤へ。そして、結果はまたまた黒。こんなことはカジノでは日常茶飯事なのである。

まず、最初にお断りしなければならないのは、数字の10に賭けたケースも、赤に連続五回賭けたケースも、いずれも典型的な負けパターンだということである。ルーレットの必勝法はその逆をやればいいということになる。まず、黒が三回連続して出たケース。次に賭けるのは次の三パターンに分かれるだろう。

(1)　黒が四回連続して出る確率は低いから、赤に賭ける。
(2)　つねに確率は½だから、どちらに賭けても一緒である。
(3)　黒が連続して出るということは、黒の出目《でめ》の場だから、黒に賭ける。

もちろん、どれが正解ということはないのだが、ビギナーは(1)を選ぶことが多く、ギャンブルをやらない人は冷静に(2)を選び、ギャンブラーは(3)を選ぶことが多いということが経験的に知られている。しかし、これをこの場面だけで判断するのは多少ムリがある。次のように考えてほしい。

あなたは、まず最初に、黒に賭けたとする。勝ち。次の黒にも賭ける。勝ち。さらに、もう一度黒に賭ける。勝ち。そうして、先ほどの場面になったとしたら、あなたは当然黒に賭けるだろう。そして、勝てばまた黒だ。つまり、勝てば四連勝、負けても三勝一敗、どちらにしても悪くない数字ではないか。これが逆だと心理的にきわめてしんどいことになるのはすでにおわかりだろう。

そういう人のためにマーチンゲール法という賭け方があって、それは負ければ賭け金を倍々にしていくのである。最初一〇〇〇円賭けて負けたら、次は二〇〇〇円賭ける。そこで勝てば一〇〇〇円の勝ち。そこで負けたら、次には四〇〇〇円賭ける。そこで勝っても一〇〇〇円の勝ち。つねにどこかで一度勝ちさえすれば必ず一〇〇〇円儲かるようになっている。ところが、この賭け方には落とし穴があって、途中で資金が底をつくと、一挙に大金を失うことになる。どこで勝っても一〇〇〇円しか勝てないので、つい最初の金額を大きくするとたちまち破産する。そんなわけで、危ない必勝法ともいわれている。

カサノヴァは、ヴェネツィアのカジノでマーチンゲール法を使って賭けたことで知られているが、いつも負けてばかりとぼやいている。「わたしはまだマーチンゲールを続けているが、不運続きで、すぐに金貨が一枚もなくなってしまう」。世の中そんなにうまくいくわけがないのである。

　いずれにしても、自分の好きな数字に賭けるやり方はあまり合理的ではないし、出ない赤にこだわるのもあまり得策だとは思えない。

　上のルーレットの出目はたまたまラスベガスで出た数字を書きとめておいたものである。ちょっと参考までにごらんになっていただきたい（左から右へと進む）。

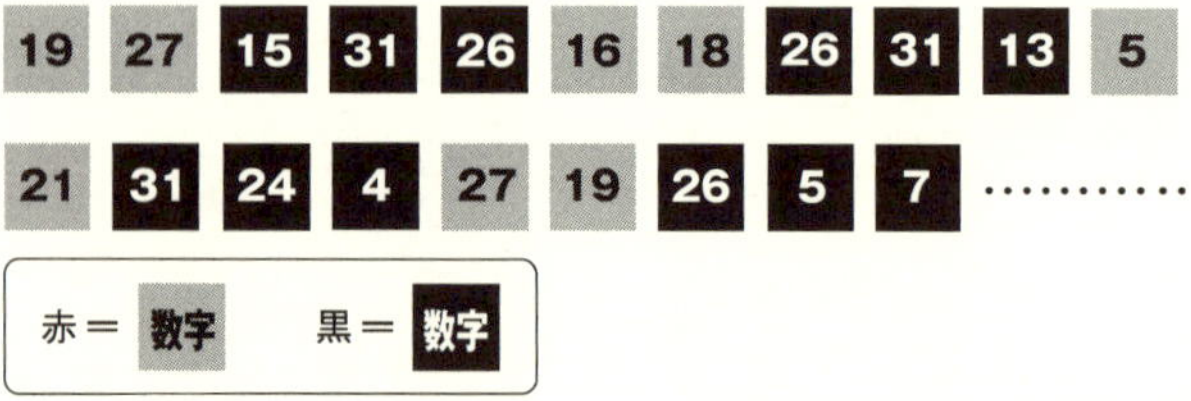

ラスベガスでの出目

　まず、結果論として、赤と黒がここでは意外と規則正しく出ていることに気がつくだろう。赤、赤、黒、黒、黒、赤、赤、黒、黒、黒、黒、赤、赤、黒、黒、黒、赤、赤、黒……と赤二回、黒三回というように出ている。これはまったくの偶然である。もちろんこれが先にわかっていればなんの苦労もいらない。

　それよりも、ここでおもしろいのは意外な数字の偏りである。よく注意していただきたいのは、いかに同じ数字が繰り返し出ているかということである。たとえば、赤の19、27というのは最初に出ているが、後のほうにも27、19と出ている。黒の31などわずか二〇回のゲームの中で三回も出ているし、それは31だけではなく、よく見ると黒26も同じく三回出ている。つまり、ルーレットでは三七個の数字が満遍なく出るのではなく、出る数字は出るが、出ない数字は出ないということなのである。これは人生でもまったく同じことがいえて、起こりうることは続いて起こるが、起こりえないことはけっして起こらないのである。

たかがルーレットといえども、普通の人が賭けるのとギャンブラーが賭けるのとでは、まったく正反対になるわけである。どういう生き方が正しいとかいうことではなく、このことはよく心にとどめておく必要があるとだけ付け加えておきたい。

ルーレットでは、出た目はまた出るし、出ない目はいつまで待っても出ない。

36 いい流れには黙って従う

縁起の考え方は、この世に生起することはすべて関係性のネットワークのなかにあるとし、さらに、そうして網の目のように張りめぐらされた「理《ことわり》」の集合体は、相互に結びつきを強めたり弱めたりするのではなく、あくまでも「自己」とのかかわりにおいてしか意味を持たないというのである。

あらゆる出来事は因果的に決定された多くの系列が交叉した結果ではあるものの、そこに「自己」が関与することなしには、何も意味を持たないわけで、いかに「自己」の振る舞いが影響を持つか考えなければならない。外から見ている分にはなんの意味もない数字の列も、

「自己」が関与することによって、さまざまな意味を発生させるのである。

Lesson 5で「悪い連鎖を断ち切る」と述べたが、その逆で、「いい流れには黙って従う」のが得策である。あまり幸運が続くと、次は不運がやってきそうで不安になり、別の流れに乗ろうかと迷うケースがしばしばある。しかし、いかなるときでも、好ましい流れは自分から放棄してはならない。もし流れが悪くなったら、そのとき初めてどうすればいいのか考えればいいことで、自分から動いてはいけないということである。あくまでもわれわれが運命を引っ張るのではなく、運命がわれわれを導いてくれるように、さりげなく振る舞うことが肝心なのである。

すべてはなるようになる

Lesson 7

37

幸せとは何か？

あるインタビューで、「最初ハッピーということを考え出したきっかけはなんですか」という質問に対し、矢沢永吉氏は次のように答えている。ちょっと長いのだがここに引用してみたい。

あのね、40くらいになったら、「自分ってどういうやつなんだ？」って考えるじゃないですか。僕はね、なんでこんなにがんばって走ってこられたのかと思ったの。それはね、なにか一つ摑んでカタチにしたら、すべてが解決できると思ってたから。僕はずーっとどこか寂しかったんだけど、その寂しさも、成功したりお金持ちになったら、全部クリアにできると思ってた。みんなが振り向いてくれるこの位置にまでいけたら、不安な部分も全部クリアになると思ってた。ところが、ちっともクリアにならなかった。飯が食えるようになって、いい車転がして、俗にいう表面的な成功というのは、27で手に入れましたよ。だけど、ちっともハッピーじゃないの。なんで？　神様、僕に言ったじゃない、成功手に入れたら、今までの不安なこともクリアにしてくれるって。「なんで？」って思ったとき、**「気持ちがいい」とか「ハッピー」というのは、別のレールがもう一個あって、それは仕事で手に入れたり、成功で手に入れるものではないんだ、**ということに気づいたんですよね。そのときからです、「幸せって何だろう？」って真剣に考え始めたのは[★47]（太字強調筆者）。

そういう矢沢も、五六歳でも現役でやれて、武道館でコンサートをやれて、五〇歳過ぎてからすごく気持ちがいいという。たしかに、本当は人間五〇歳過ぎてからが楽しいはずで、そうならない社会はどこか歪んでいるのではないかと思う。この世のやっかいな部分はどうやったってクリアできるわけでもない。しかし、クリアできなくたって何も問題などないのだ。そういう意味では、年をとることはだれにとってもそれだけで大きな幸せだということではないかと思うのである。

だが、それよりも、彼が「成功を手に入れる」というのと「ハッピー」とか「気持ちがいい」というのは、まったく別の次元のことだと指摘している点こそ興味深い。お金がなければ、お金さえあれば幸せになれると思うし、病気だったら、病気さえ治れば（健康ならば）幸せになれると思う。同じく、監獄に入れられたら、ここさえ出られれば、幸せになれると思うし、戦禍に見舞われたら、平和にさえなれば幸せになれると思う。だが、それは果たして本当に自分が目指す幸せなのだろうか。おそらくそれは生きる目的ではないはずだ。もしそうなったらなったで、また次々と別の克服すべき対象が生まれてくるだろう。

そんなことを繰り返していたら、いつまでたっても「ハッピー」とか「気持ちがいい」とかいう心境にはたどり着けないだろう。この世には、対象のない苦しみがあるように、対象のない喜びというのもまた存在するのである。ただぼうっとしているだけで幸せな状態こそ、本当の幸せなのではないか。

われわれにとってのリアルとは、かつては、この世での価値を基準にしたものではなかった。人類は何千年ものあいだ超越的なものの世俗からの優越を信じてきた。しかし、この二〇〇年ほどのあいだに、そうした信念は大きく揺らぐようになった。このことはただ宗教や信仰の退潮ということを意味するだけではない。明らかな困難（飢饉、天変地異、流行病など）が少なからず解決されてきた社会では、もっと深刻な事態が水面下で進行しているということなのである。

たとえば、いわゆる先進国に特徴的なのが、一種の離人症的傾向で、生きている実感が持てない状況を指している。たとえば、映画『羊たちの沈黙』でのＦＢＩのプロファイラーのセリフに、性的快楽を目的にした連続殺人犯は、まず白人男性だというのが出てきたが、多少差別的な表現ではあるが、たしかに黒人はそういう病的な犯罪に走ることが少ない。残虐行為に走ったり、異常な行為にのめり込むのは、まさに生きる実感がないからで、都市部の白人男性に多い傾向というのである。そんなふうになると、対象は大人でも、子どもでも、また幼児でも、男でも、女でも無関係になる。

現在、出会い系のＳＥＸが流行ったり、格闘技に人々が熱狂するのは、いまやリアルなものがそんなところにしか見つけられないというわれわれの現状をよく表している。まるで古代ローマ帝国のように、しまいには相手が死ぬまでの戦いが見たくなる。すでにすぐ先に限界が見えている。

九〇年代以降のレイヴ（しばしば聖地で実施される野外での音楽パーティ）も、ヨーロッパ社会の変容という問題意識のなかから生まれたもので、同じ危機感を共有している。クラブからレイヴへという流れには必然性がある。ただ単にクラブのなかで踊っているだけではなく、そこから飛び出して生を実感する試みとしてレイヴは人々の心をつかんだのだった。しかし、こちらもある程度限界が見えている。

では、きわめて根源的な問いかけになるが、人間の真の幸せというのはいったいなんだろうか。どこにあるのだろうか。もちろん、人によってさまざまな回答が寄せられることであろうが、もしかしてそれは複数の生を楽しむところにこそあるのではなかろうか。

あるときは仕事して、あるときは遊ぶ。あるときは信仰に生きて、あるときにはアーティストになる。必死になって知りたいことを学んだり、さらに異性との交流（やさしい男性や愛くるしい女性など）を深めたりする。それらを同時にすべて実現することにこそ人間の本当の幸せがあるのではなかろうか。

きわめて皮肉なことだが、コンピュータ・プログラマーのジャロン・ラニアーがヴァーチャル・リアリティをつくろうとしたとき、そのモデルになったのがネイティブ・アメリカンの「キヴァ」（祭り場）だということである。そこでは人は日常から離れて、いろいろなものに変《へん》貌《ぼう》できたからである。そう、まさに彼らはそこで踊り歌い、仮面をかぶって変装し、神と交流したり、わいせつな行為に耽ったりしたのだった。お酒を飲んだり、おいしい食べものに夢中になったりして、日常のつらい出来事などをすべてそれによって吹き飛ばしてしまったのだった。

いまや、みんな自分の身を守ることに汲々としているし、理屈に合わない事件も多発している。そんな時代には**自分を解きほぐしてくれるもの、眠り、赤ちゃんに戻してく**

れるもの、恍惚《こうこつ》、柔軟性、ぐちゃぐちゃにしてくれるもの、そんなものにこそ大きな価値があるのではなかろうか。そう、決まりきった日常とは異なる多くの選択肢を持つ必要がある。自分を世界に開いてくれるものならなんでも受け入れるべきなのである。

38 無責任でいこう！

それにしても、世界中で日本人ほどくよくよ思い悩む民族はほかにはいない。必要以上に失敗を怖れる気持ちも強すぎる。一度の失敗で立ち直れなくなるのも特徴的で、これはそう簡単には直らないかもしれない。どうしてそんなことになったのだろうか。

現在の日本では一日一〇〇人弱が自殺しているという。これはとんでもない数字だ。人口一〇万人あたり二四人で（平成一七年、厚労省のデータ）、先進国のなかでもずば抜けてトップを独走中である。

海外では、バスや電車などの乗りものは遅れるのが当たり前だし、うっかり乗り場を通過することだってある。レストランの店員もスローで、いつまで経っても順番が回ってこない。すべてマイペースでそれはそれでまた楽しくやっている。それにひきかえ、日本ではバスがちょっとでもルートをはずれたりすると新聞沙汰《ざた》にまでなる。電車も同じで、「ただいま一五分ほど遅れています。大変ご迷惑をおかけして申し訳ありません」というアナウンスがしょっちゅう入る。電車のオーバーランなど決して許されることではない。非難ごうごうで運転手は処分を受ける。のろい店員はクビだ。

しかし、一五分くらい遅れただけでアナウンスが入ったり、謝罪の放送があるのは、おそらく世界中で日本だけといってもよい。世界では、電車やバスはきちんと来ないのが当たり前だし、みんなそんなことには慣れっこになっている。レストランでもみんなおしゃべりしながら気長に待っている。

どうしてわれわれの国だけが運転手や店員らを処分したり、再教育したり、クビにしたりするのだろうか。**どうして、そうも不寛容なのか。**身のまわりの（どこにでもころがっているような）過ちにはそんなに神経質でありながら、どうして社会を支配する巨悪には目をつぶるのか。どうして力を合わせてそういったものと闘おうとしないのか。もちろん、答えは簡単だ。もともと他人と組んで何かをするのが億劫《おっくう》なのである。そんなことより、自分の神経に障るやつのほうが許せないのだ。これも離人症的傾向のひとつの表れかもしれない。

三枝充悳《さいぐさみつよし》は『縁起の思想』において次のようなことを言っている。「西欧では、よく会話に『神』が入ってくるが、日本でそれに対応するものというと、『おかげさまで』という挨拶がある。『相手によって支えられている自分』『相手あっての自分』の表明で、単なる挨拶ではあっても、相手に対する一種の謝意がこめられている。自分ひとりで生きているのではない★48」。

そうした結びつきを取り戻すのはほとんど不可能に近い。それなら、また別の生き方も考えられるのではないか。徹底的に自分本位で生きて、それでいて決して他人に迷惑をかけず、すべてマイペースでいくというのがそれである。しかも、ひとつの集団のなかでトップを目指すのではなく、いくつもの集団をわたり歩いて（たとえば、つり仲間とかテニスサークルとか）、複数の自分を実現する。

そういう意味では、やっぱり一九六〇年代の無責任男・植木等の登場は衝撃的だった。彼の得意なセリフ「分かっちゃいるけど　やめられない」(「スーダラ節」青島幸男・作詞)は大流行。彼の明るさとC調とラテン的いいかげんさは大喝采で迎え入れられた。

もともと植木等は、「スーダラ節」の歌詞に最初は疑問を抱いたようだったが、浄土真宗の寺の住職である父に相談したら、親鸞聖人の教えがあると言われ、決心がついたというエピソードがある。おそらく「分かっちゃいるけど　やめられない」というあたりか。われわれ煩悩具足の輩こそ救われるという浄土真宗の教えにどこかでつながるのだろう。こういう発想はなかなか悪くない。

日本の仏教は、とりわけ中世において、「万物流転」「無常」「おごれるものも久しからず」「盛者必衰」など悲観的な色彩を強めていった。「すべては移りゆく」「生きることは虚しい」「つねに死の準備をせよ」というのだ。ところが、それは江戸時代の元禄文化あたりからまた違った傾向を持つことになる。つまり、そのあたりから、「憂き世」を「浮世」に置き換えて、

どうせ「この世は常ならず」なら、「がんがん楽しんじゃおうぜ」という考え方が優勢になってくるのである。このあたりの姿勢が西鶴の『好色一代男』にもよく表れていて、主人公の世之介はなんと六〇歳で隠遁するまでの五四年間に三七四二人の女性と情交を遂げているわけで、これはドンファンやカサノヴァにも全然劣らない数字であり（たしかドンファンは二〇六五人）、そういう意味では日本文学の金字塔といってもよいだろう。

こうした流れは近代にも脈々として受け継がれているが、いよいよ一九六〇年代になってクレイジー・キャッツ、植木等によって爆発する。そういう意味では、その影響はどんな思想家よりも大きいといえるだろう。この世の中たいていのことは「どうでもいい」ことなのだ。くよくよしたって始まらない。どうでもいいことは適当にやればいいだけの話。とにかく万事調子よく生きていきたいものである。現在、所ジョージや高田純次らに人気があるのも、そのいいかげんさによるところが大きいだろう。

人は「よく考えればもっと違う人生があったかもしれない」というが、そんなことはけっしてないだろう。努力する人は努力するし、努力しない人は努力しない。努力して恵まれる人もいれば恵まれない人もいる。「もっと努力すればよかった」は単なる言い訳にすぎない。いや、そもそも努力の問題なんかではなく、大事なのは潔さとかこころざしとか気持ちの問題なのである。

すべてなるようになると考えられたら、おそらく自殺する人はいなくなるだろう。われわれの社会は自分で自分の首を絞めている。だれの心も満たされない。果たしてこの先いったいどうなるのか。いつも海外で考えるのは、いまをいかに楽しく生きるかということだけ。よく雑誌の特集などで「いくらあったら海外で生活できるか？」というのがあるが、そう考えた時点でもうすでにアウトなのだ。お金のことではない。いくらお金があったって、海外で楽しく暮らすのはむずかしい。人生をいかに楽しく生きるかということは、まずはお金を抜きに考えなければならない。「お金さえあったらなんでもできる」と考える連中は、すでにそれだけで負けているのである。

39 死

永六輔氏は『大往生』のなかで、「日本のお年寄りとアメリカ、イギリス、ドイツのお年寄りが、最後の時に何に頼るか」というアンケートについて書いている。その結果だが、海外では宗教、これが全体の50%。それに対して、日本では50%以上が財産と答えている。なんという対比だろう。日本では、財産の次に友達とか家族があって、信仰・宗教というのは僅か4%そこそことのこと。★49 この数字をどう理解するべきか。もちろん人間は財産なんかでは救われないし、医療でも救われない。信仰はもちろん大事だと思うが、それもよしあしだ。では、他に何があるのだろう。もしあなたに信仰がなければ、深い友情や愛によってしか救われないかもしれない。しかし、それではどうにも心許ないというのなら、いったいどうすればいいのか。

そういうときには、すべてを受け入れる姿勢こそが必要となってくるだろう。**だいたい物事の流れ（理）と自分自身とのあいだがギクシャクすると「病気」になる**わけで、年をとったら流れに身をまかせていればいいのである。

もちろん、ここでいう「理」とは社会のルールとはまったく異なるもので、むしろ逆のことが多い。場の流れと自分の考え方が違うと何をやってもうまくいかなくなる。そういうときにはたとえ叡智《えいち》のかぎりを尽くしてもダメ。人間の力がいかに小さいか思い知らされることになる。

いいときは、未来は決まっているように見える。だが、悪いときは未来は一瞬にして闇のなかに閉ざされてしまう。そんなときにじたばたして資格を取ろうとしたり何か努力しなければいけないと考えるのは誤りだ。悪ければ悪いほど、これまでの自分のままでそれに対処していかなければならない。

では、そういうときにいったいどうすればいいのだろうか。人類の歴史が教えるところに従えば、そういうときには、逆説めいて聞こえるかもしれないが、「自分をなくす」ことがもっとも理にかなった行動となる。「自分」を前面に押し出すほど周囲が見えなくなってくる。そんなときには、自分を限りなく縮めていって流れ（理）を見えやすくするのである。逆にいうと、あまりに自分に固執してばかりいると、もっと別の力が入り込む余地がなくなってしまうということである。

フランスの社会学者エドガール・モランはそれについて以下のように指摘している。

> ホモ・サピエンスが、オルガスムスのみならずあらゆる領域に求める快楽は、満足の状態つまり欲望の達成状態、緊張の解消状態に帰着し得ない。快楽は、単なる快楽を越えて、強硬症《カタレプシー》あるいは癲癇《エピレプシイ》のぎりぎりのところまで達する全存在の発揚状態にも存在するのだ。[★50]

つまり、われわれは、性行為においても、通常の快楽を超えて、身体が硬直したり、ふるえたりするところまでいかないと満足しない生き物だということである。ちょっとした満足よりも、まるで「自分をなくす」ことが生きる目的でもあるかのように振る舞うのである。まさにそこに人間の窮極的な歓びがあるのかもしれない。

そもそも宗教というものも、ルーマニアの宗教学者エリアーデも指摘するように、何よりも「エクスタシーの技術」なのである。「エクスタシー」（忘我）は「エグジスタンス」（存在）と同じ語源であり、「みずからの存在の外側に立つ」という意味であり、歴史を通じて、**人間はつねに自分以外のものに自分を託すことによって危機を乗り越えてきた**のである。それゆえに、「人間は、人間によってではなく、人間以外のものによってしか癒されない」ということにもなる。修行を重ね、感情を抑制したり、自己を滅却したりするのも、究極的には同じ状態（自己喪失）を目指しているのである。

そういう意味では、死もまた、「自分をなくす」という意味では、理にかなった行動かもしれない。われわれは死ぬことによってより大きな幸せが得られると考えることもできる。**死は決して敗北でもなんでもない**。トランプでゲームが終わるごとにカードを切るが、あれと同じで、われわれの生も、いったんランダムに戻すことなしには、次のゲーム（生）が始まらないとも考えられる。

人生ではだれの身にも起こることを不幸と呼んではいけない。だれもが年をとり、病気になり、死んでいく。それは生き物としてはごく当たり前のことであり、不幸でもなんでもない。もしかしたら、それこそ持っているだけで安心できる最高の切り札なのかもしれない。

40 ラプラスの悪魔、ふたたび

以前、整体協会の野口裕之さんと話していたとき、「もし無人島で暮らしていたら、果たして偶然ってあるんだろうか」という話題になったことがある。たしかに、もし石につまずいて転んでも、雨が降って作物が傷んでも、熱が出て寝込んでも、当人はおそらくそれを偶然とは思わないだろう。さらに、突然、動物に襲われて死んだとしても、それも偶然とはちょっと違った出来事のような気がする。偶然とは「だれかの身には起こらないで自分の身には起こる」「多くの人がいるなかである特定の人にだけ起こる」という事柄を指しているのであり、無人島では「どうして自分だけがこんな目にあうのか」という疑問が入る余地がないからであろう。

偶然とは、人間の力の及ばない事象だと思われていたが、もしかするときわめて人間的な出来事なのかもしれない。そう、偶然の出来事には人間の選択が伴うのだから、人々の選択がいかに因果の連鎖にかかわっているのかが重要になる。われわれはそれによってこの世界を昨日とは違ったものとしているのである。

われわれは何か超越的なものが気まぐれに人間世界に介入してくるという考え方には否定的であるが、すべてが単にとりとめもなく偶然に起こっているということを支持するわけでもない。自分の身に何かが起こったとしたら、それにはそれなりの理由があるに違いない。そこから、ある種のグリッド上の結びつきが浮上してくる可能性もなくはないだろう。ラプラスの悪魔は、いつか別の姿をとって、長い眠りから覚める準備をしているのかもしれない。

41 カイロの男の夢

このところしばしば考えるのだが、もし飛行機が空港に着くときに事故にあったら、われわれはそれを「不運」と呼び、どうしてそういうことになったのか原因を知りたがることだろう(いや、死んでしまったらそれどころではないが)。だが、ここでよく考えてほしい。では、飛行機が無事に着いたとして、われわれはそれを「幸運」と思うだろうか。たしかにホッとすることはあっても、きっと幸運とまでは思うまい。つまり、ひとつの行為の結果がプラスで「当たり前」、マイナスで「不運」というのはいかにも不公平ではないかということである。

われわれは人生の座標軸を、

① 幸運
② 普通（つつがなく）
③ 不運

という三極で考えるべきなのではないか。

すると、その比率は5％、90％、5％くらいになるはずだ。ところが、普通（つつがなく）の90％は通常は見えにくくなっている。普通（つつがなく）は本来は感謝すべきことなのに、だれもがそれを忘れてしまっている。それに気がつくのは、病気をしたり、監獄に入れられたり、死が近づいているのを実感したときだけ。われわれはいつも不運だけをクローズアップしてしまうのだ。「なぜ自分はこんなに不運なのだろうか」と。

それで思い出すのが次の「カイロの男の夢」（正確には「二人の夢見る男の物語」）のエピソードである。ボルヘスが『千夜一夜物語』に関する有名な講演のなかで披露した話である。

夢というのは『千一夜物語』が好むテーマのひとつです。たとえば二人の夢見る男の物語という傑作があります。カイロに住む男が、ペルシアのイスファハンという町へ行けと命じる声を夢の中で聞く。そこには宝物が待っているというのです。長く危険な旅に挑んだ彼はへとへとになってイスファハンに着き、イスラム教寺院の中庭で横になって休もうとします。男はそれと知らずに盗賊たちの中にいたのです。彼らは全員捕まり、男は裁判官になぜその町までやってきたのかと尋ねられます。そこで男はその訳を話します。すると裁判官は奥歯が見えるほど大笑いし、こう言います。「お目出たい男よ、そんな夢なら私も三度も見ている。カイロに家があり、その裏に庭があって、その庭に日時計そして噴水とイチジクの木があり、噴水の下に宝物があるという夢だ。私はそんなでたらめをこれっぽっちも信じたことがない。もう二度とイスファハンには来るな。この金をやるから帰れ。」男はカイロに帰ります。裁判官の夢に現れたのが自分の家だと分かったからです。彼は噴水の下を掘り、宝物を見つけるのです。★51

さて、この話からいかなる教訓が読みとれるだろうか。ボルヘスは次のような注釈を付け加えたとのことである。「この話の愉快なところは、裁判官と旅人がどちらも自分の判断の結果を喜べる点にある。彼らの分析は正反対なのに、どちらも事実によって全面的に正しさが裏づけられる。裁判官はありもしない宝を求めてはるばるやってきたお人好しを笑いながら、心静かにイスファハンで生涯を終えるだろう。一方、カイロの男は夢を信じてよかったと喜びながら一生を送るだろう。どちらもそれぞれの方法で完璧に未来を予想したのである★52」。

そう、われわれはこの裁判官を見て、決して不幸には思わないはず。いや、むしろそれはそれでひとつの生き方だと納得させられることだろう。人生では正解はひとつではない。好ましい生き方とは「普通（つつがなく）」を幸運の陣営に入れ込んであげることなのではなかろうか。「カイロの男の夢」の教訓もそこにある。それに対して、「普通（つつがなく）」を不運の側に入れてしまう人がいる（「自分には何もいいことがない」）。もしかしたら、そんなちょっとした考え方の違いのなかに、人生をよりよく生きる秘訣が隠されているのかもしれない。

42

おわりに

最後に、ここでもう一度おさらいをしてみよう。

最初に、「**未来が見えないとき、いったいどうしたらいいのか**」と問題提起したわけだが、その解答はとりあえず以下のように要約されるだろう。

そんなときには、しゃにむに自分の意志を貫こうとしないことが肝心だということ、「**自分で選択するべからず**」ということである。困難なことにぶちあたったとき、必要以上に自分の力に頼るのがもっとも具合の悪いことで、見えてきた状況に従って動けばいいのである。そして、すぐに物事の是非を判断せず、「**世の中にはどうにもならないこともある**」と一歩引いて考えたい。世の中には思うようにいくことのほうが少ないのだから。

さらに、われわれはつねに偶然に翻弄されているように思いがちだが、まず、「**自分の身に起こったことをすべて必然と考える**」習慣をつけたい。たとえよくないことが起こっても、くよくよしたりせず、すべてありのままに受けとめる。ああすればよかった、こうすればよかった、と考えるのは、はっきり言ってムダだ。**われわれの社会では、起こることは起こるし、起こらないことは決して起こらない。**ただ、そうしたことに丸腰で立ち向かえばいいというわけでもない。つねに物事の大きな流れについては知っておく必要がある。「**たかが確率、されど確率**」である。個々の現象はランダムに起こっても、全体で見るといくつかの法則が読みとれる場合もある。それを無視してはいけない。

では、悪いことが次々と起こったらどうしたらいいか。悪いことは相互に影響を与え、それぞれ結びつきやすい。「**悪いことは連鎖する**」。そんなときこそ、冷静にもっとも解決がつけやすそうな事柄から順番にひとつずつ解決していくことが大事なのである。人はもっとも困難な事柄につい気を奪われてしまうが、それは最後に始末するつもりでいてほしい。まずは手近なところから片づけていくことが肝心なのだ。われわれの「**思いは全部どこかでつながっている**」からである。

いいことが目に見えてくると、それから「いいことの連鎖」が始まることになる。そのきっかけを見逃さないことだ。そこがもっとも大きなポイントである。宅配便が遅れているとか、ごみの収集でトラブルがあるとか、胃腸の調子がよくないとか、いろいろ心配事があったら、すぐに宅配便に連絡をとることをお勧めしたい。ごみのこともまず話しあって片づける。胃腸もすぐに検診してもらって状況を確かめよう。そうした小さな困難がひとつずつ片づいていくと、事態はどんどん変化していくことに気がつくだろう。

われわれは、すでに起こったことよりも、これから起こることについ心を奪われがちになる。これから起こりうる（悪い）ことは、必要以上におそろしく感じられるものだ。そんなことに思い悩んでも仕方がない。何よりも、（どんなに小さなことでも）いま目の前にある困難を解決していくことである。

もちろん、いったんすべてが好転するようになったら、あまりムダな動きをせず、「**いい流れには黙って従う**」ことである。ここでは何より謙虚でいることが大事で、けっして思い上がったり慢心したりしてはならない。できるだけ状況が悪かったときと同じように振舞うことが大切だ。自転車で坂道を下るような気持ちで、あくまでも自分の力を過信せず、しかも周囲に十分配慮しつつ、流れに身をまかせればよい。ここに人知が介入していいことは何もない。そうやって、偶然の仕組みを理解しつつ行動すれば、おのずから道は開けてくるのではないだろうか。

さらに、物事を勝ち負けで考える効用についても、ここで一言付け加えておきたい。

われわれはこの世で起こることをあまり勝ち負けで考えようとしない。実際には人生のさまざまな場面で勝ちか負けかどちらかの結果が出ているにもかかわらず、おそらくだれもそうは考えたくないのだろう。受験に成功するか失敗するか、相手の心をつかむことができるかできないか、希望する部署に配属されるかされないか、どれも一応は勝ち負けで判断がつくことだ。

しかし、ここで提案したいのは、いったん物事を勝ち負けで判断した後で、それらをすべてチャラにしたらどうかということである。そう、もちろん人生は勝ち負けで判断できるほど単純にできてはいない。勝ちと思ったら負けだったり、負けと思ったら勝ちだったりすることも少なくない。それでもなお勝ち負けで考えていくと、それぞれのときの自分の状況を客観的に判断できる材料が与えられることになる。それが大切なのだと思う。

勝ちも負けもそう簡単には決まらない。どんなにお金を稼いだとしても、家族が不幸だったら、どうにもならないし、勝ちと負けは一枚の鏡の両面で、考え方ひとつで入れ替わってしまう。もちろん、勝ったときに負けたつもりでいることはむずかしいし、負けたときにはなおさらである。それでも、自分の状況をしっかりと見つめることが必要だということである。「一応、ここは勝ったけれども、これからどう振る舞うべきか」とか、「どうしたらこの負けが勝ちになるだろうか」とか、そうやって考えていかないと、いつまで経っても偶然や運をつかみとることはできないだろう。

われわれのこの世界には「偶然」がその構造の基底部に含みこまれている。しかし、それゆえにこの世界には（逆説的に）方向性が生まれるのである。けっしてランダムに動いているわけではない。もし偶然の力を最大限に生かすとしたら、「すべてはなるようになる」という柔軟な姿勢は不可欠であろう。

そう、そういう人々につねに偶然は微笑みかけるのである。

注

★01 A・ブロック『マーフィーの法則』倉骨彰訳、アスキー、一九九三年、一五四頁、一七四頁。
★02 A・ケストラー『偶然の本質』村上陽一郎訳、蒼樹書房、一九七四年、二八―二九頁。
★03 ニーチェ『善悪の彼岸』竹山道雄訳、新潮文庫、一九五四年、一二一頁。
★04 森巣博『無境界の人』小学館、一九九八年、一九八―二〇一頁。
★05 R＝V・ジュール＆J＝L・ボーヴォワ『これで相手は思いのまま』薛善子訳、阪急コミュニケーションズ、二〇〇六年、三三―三五頁。

★06 以下のヘロドトスの記述はすべて、ヘロドトス『歴史』松平千秋訳、岩波文庫、一九七一年、上巻一三―七七頁に拠っている。

★07 パスカル『パンセ』津田穣訳、新潮文庫、一九五二年、上巻二一八頁。
★08 安岡正泰監修『安岡正篤一日一言』致知出版社、二〇〇六年、一八頁、二〇六頁。
★09 G・ベイトソン『精神と自然』佐藤良明訳、思索社、一九八二年、五四頁。
★10 I・エクランド『偶然とは何か』南條郁子訳、創元社、二〇〇六年、一九頁、二九頁。著者エクランドによると、この資料はなんと一三世紀の古文書のなかに埋もれていたもので、ボルヘスがヴァチカンの古文書館で写しをとったものだとのことである。

★11 同、三〇頁。
★12 平凡社『世界大百科事典』「賭博」の項。
★13 共同訳聖書実行委員会『聖書』新共同訳、一九八七、一九八八年、八二六頁。
★14 L・ヴィトゲンシュタイン『反哲学的断章』丘澤静也訳、青土社、一九八一年、四三頁。
★15 『パンセ』上巻一二〇頁。
★16 『世界大百科事典』「占い」の項。ただし、ここではちょっと手を加えてある。
★17 江原啓之、丸山あかね（聞き手）『江原啓之への質問状』徳間書店、二〇〇五年、一二一頁。

★18 細木数子『新・六星占術の極意』主婦と生活社、二〇〇二年、一五―一七頁、八〇頁。
★19 M・ローウェ&C・ブラッカー編『占いと神託』島田裕巳訳、海鳴社、一九八四年、七七頁。
★20 『精神と自然』五三―五四頁。
★21 『反哲学的断章』二一一頁。
★22 『偶然とは何か』一九六頁。
★23 この章での引用は、P・バーンスタイン『リスク』青山護訳、日本経済新聞社、一九九八年に拠っている。
★24 ジロラモ・カルダーノ『わが人生の書』青木靖三、榎本恵美子訳、現代教養文庫、一九八九年、七四―七五頁。
★25 森毅『森毅の学問のススメ』ちくま文庫、一九九四年、二一一―二一二頁。
★26 『リスク』八三頁。
★27 解答は八四歳。この問題をxを使わないで解くことができた人はかなりのもの。
★28 F・N・デイヴィッド『確率論の歴史』安藤洋美訳、海鳴社、一九七五年。パスカルとフェルマーについては、矢野健太郎監修、村上哲哉『確率』科学新興新社、一九八九年。清水幾太郎編『現代思想事典』講談社現代新書、一九六四年など参照のこと。
★29 『リスク』一〇〇頁。
★30 同、一八頁、一六二―一六三頁。
★31 ゲルト・ギーゲレンツァー『数字に弱いあなたの驚くほど危険な生活』吉田利子訳、早川書房、二〇〇三年、二六三―二六四頁。
★32 『リスク』一九頁。
★33 同、二六五頁。
★34 永六輔『大往生』岩波新書、一九九四年、一三六頁。
★35 S・キング『クージョ』永井淳訳、新潮文庫、一九八三年。
★36 シェリー・アーゴフ『ラヴ・ビッチ』高橋朋子訳、アンドリュース・クリエイティヴ、二〇〇二年、三〇四頁、三〇八頁。

★37 モンテーニュ『エセー（五）』原二郎訳、岩波文庫、一九六七年、一八六頁。
★38 E. Goffman, *Interaction Ritual*, 1967. pp.137–138.
★39 D・カーネギー『人を動かす［新装版］』山口博訳、創元社、一九九九年、一二一―一二三頁。
★40 同、三三三頁。
★41 フェルナンド・ペソア『不穏の書、断章』澤田直編訳、思潮社、二〇〇〇年、一五三―一五四頁。
★42 三枝充悳『縁起の思想』法藏館、二〇〇〇年、一〇一―一〇二頁。
★43 九鬼周造『偶然性の問題』岩波書店、一九三五年、一四八頁。
★44 南方熊楠『南方熊楠全集』第七巻、平凡社、一九七一年、三六五頁。
★45 同、三九一頁。
★46 同、三六五―三六六頁。
★47 矢沢永吉×リリー・フランキー「ん、スーパー女性感謝論？」資生堂『WORD』六〇号、二〇〇六年。
★48 『縁起の思想』三一頁。
★49 『大往生』一三二頁。
★50 エドガール・モラン『失われた範列』古田幸男訳、法政大学出版局、一九七五年、一四〇頁。
★51 ホルヘ・ルイス・ボルヘス『七つの夜』野谷文昭訳、みすず書房、一九九七年、八四―八五頁。
★52 『偶然とは何か』一四一―一四二頁。

あとがき

わたしたちは自分の身に何かが起こると、どうしてもそれがなぜ起こったのか考えてしまいます。もちろん合理的に説明できるケースもあるでしょう。しかし、どうにも不思議でならないことも少なくありません。宝くじで一等一億円が当たったとします。もちろんだれかには必ず当たることになっているにせよ、なぜ自分が当たったのかはだれにも説明がつきません。さまざまな物事の推移のなかで「なぜそれがよりによって自分の身に起こったのだろうか」という問いは、まさに普遍的なものなのです。

たとえば、占いは自分の身に起こる（であろう）ことを予告してくれます。当たるか当たらないかはそんなに問題になりません。多くの人はずっと軽い気持ちで楽しんでいるようです。自分の身に起こる可能性のあることを知るのは、なんだかわくわくさせられるからです。賭け（ギャンブル）もまた同じく平凡で退屈な日常から脱出させてくれるし、たちまちのうちに恍惚と絶望とを味わわせてくれます。いったんその魅力を知るとあまりに楽しすぎるからやめられなくなるのです。それ以外にも、わたしたちは人生のさまざまな場面でほぼ無意識のうちに限りない選択をしています。そして、そのどれにも実は偶然の要素が大きく作用しているのです。

本書は、目の前に立ちはだかる偶然にどう対処すればよいのか、さまざまなエピソードをもとに42の断章の形式で論じたものです。多くの引用から成り立っていますが、あえてそういうスタイルをとったわけで、引用以外にも多くの参考文献の助けを借りています。ここで、それらの著者の方々に感謝の意を表したいと思います。「偶然」とか「運」とか「確率」については、一〇代のころからずっと関心を抱き続けてきました。これからも国内外の興味深い著作、論文などについて紹介していきたいと思っています。

本書で扱った主なエピソードについては、朝日カルチャーセンター（大阪）での講義をもとにまとめてみました。熱心に聴いてくれたみなさんには本当に感謝しています。多くの人々の励ましがなければ本書は成立しなかったでしょう。集英社新書の鯉沼広行さんにも最後に大きな感謝の気持ちを伝えたいと思います。みなさん本当にありがとう。

二〇〇七年一〇月　植島啓司

植島啓司（うえしま　けいじ）

一九四七年東京生まれ。東京大学卒。東京大学大学院人文科学研究科（宗教学専攻）博士課程修了後、シカゴ大学大学院に留学、M・エリアーデらのもとで研究を続ける。NYのニュースクール・フォー・ソーシャルリサーチ（人類学）客員教授、関西大学教授、人間総合科学大学教授などを歴任。著書に『男が女になる病気』『分裂病者のダンスパーティ』『オデッサの誘惑』『聖地の想像力』『「頭がよい」って何だろう』『賭ける魂』『世界遺産　神々の眠る「熊野」を歩く』他。

偶《ぐう》然《ぜん》のチカラ

二〇〇七年一〇月二二日　第一刷発行
二〇〇九年　五　月二七日　第八刷発行

集英社新書〇四一二C

著者……植島《うえしま》啓司《けいじ》
発行者……大谷和之
発行所……株式会社集英社
東京都千代田区一ツ橋二-五-一〇　郵便番号一〇一-八〇五〇
電話　〇三-三二三〇-六三九一（編集部）
〇三-三二三〇-六三九三（販売部）
〇三-三二三〇-六〇八〇（読者係）

装幀……原　研哉
印刷所……大日本印刷株式会社　凸版印刷株式会社
製本所……加藤製本株式会社
定価はカバーに表示してあります。

ISBN 978-4-08-720412-4 C0295
Printed in Japan

a pilot of wisdom

集英社新書・好評既刊

聖地の想像力——なぜ人は聖地をめざすのか　植島啓司

「頭がよい」って何だろう——名作パズル、ひらめきクイズで探る　植島啓司

時間はどこで生まれるのか　橋元淳一郎

物理学の世紀——アインシュタインの夢は報われるか　佐藤文隆

生き物をめぐる４つの「なぜ」　長谷川眞理子

ゲノムが語る生命——新しい知の創出　中村桂子

退屈の小さな哲学　ラース・スヴェンセン

脳と性と能力　カトリーヌ・ヴィダル／ドロテ・ブノワ＝ブロウエズ